"风土海沧"民俗调查丛书

毓秀青礁卷

主编 黄达绥 吴光辉

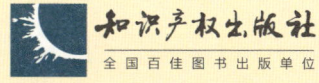
知识产权出版社
全国百佳图书出版单位

图书在版编目（CIP）数据

"风土海沧"民俗调查丛书. 毓秀青礁卷／黄达绥，吴光辉主编. —北京：知识产权出版社，2018.12

ISBN 978-7-5130-3979-6

Ⅰ.①风… Ⅱ.①黄… ②吴… Ⅲ.①乡村—风俗习惯—调查研究—厦门 Ⅳ.①K892.457.5

中国版本图书馆 CIP 数据核字 (2018) 第 252470 号

内容提要

厦门市海沧区"风土海沧"民俗调查组于 2016 年 2 月，走访了青礁村下辖的大路、后松、埭仔、鸿江、过田、芦塘、院前 7 个自然村，采访了多位知情人士，实地调查古民居、宗祠宫庙的保存现状，收集了许多宝贵的第一手材料。调查组对这些材料加以整理归纳，形成了青礁村的历史变迁、钟灵毓秀、侨台情缘、千年神踪等方面内容。本书多角度地展现了青礁村深厚的文化积淀，内容丰富、图文并茂、资料翔实。

责任编辑：刘晓庆　　　　　　　　　责任印制：刘译文

"风土海沧"民俗调查丛书

毓秀青礁卷
YUXIU QINGJIAO JUAN

黄达绥　吴光辉　主编

出版发行：知识产权出版社 有限责任公司	网　址：http://www.ipph.cn
电　话：010-82004826	http://www.laichushu.com
社　址：北京市海淀区气象路 50 号院	邮　编：100081
责编电话：010-82000860 转 8073	责编邮箱：liuxiaoqing@cnipr.com
发行电话：010-82000860 转 8101	发行传真：010-82000893
印　刷：三河市国英印务有限公司	经　销：各大网上书店、新华书店及相关专业书店
开　本：787mm×1000mm　1/32	印　张：6
版　次：2018 年 12 月第 1 版	印　次：2018 年 12 月第 1 次印刷
字　数：120 千字	定　价：48.00 元
ISBN 978-7-5130-3979-6	

出版权专有　侵权必究

如有印装质量问题，本社负责调换。

"风土海沧"民俗调查丛书

《毓秀青礁卷》编委会

主　　编	黄达绥　吴光辉
编　　委	黄达绥　刘丽萍　卢志明
采编人员	卢志明　李梦丹　苏　娟 陈淑华　滕梦瑶　张伊娜 林艺婷　武瑶瑶　颜有能 刘丽萍

序　言

　　闽南，锦绣中华的灿烂奇葩，扬名世界的创业热土！闽南，海上丝绸之路的起点，海外华夏游子的故乡！闽南，博采古越文化、中原文化、外来文化，形成了一体多元的文化融合；闽南，凝聚山岳部落、海岸文明、海洋文化，构建了自由开放的文化模式。晴天碧海、红砖古厝，组成了闽南的主流格调；南曲雅韵、绿芽春茗，谱写了闽南的无数传奇。

　　如果说闽南是中华文化的奇葩、扬名世界的热土，那么我们如今所要讲述的海沧，就是这一朵奇葩、一片热土的缩影。正如"海沧"这一名称所谕示的，它是一个资源丰富的天然港湾，它是一个物产繁多的无尽宝藏。同时，它也是我们毕生难以割舍的留恋之根、一世无法忘怀的风土之乡。

　　作为陆地门户，海沧自古以来就具有极为突出的重要地位。据《三都建义仓奏记》梁兆阳邑令之记载："澄地为漳门户，治之北有隔衣带地，周环四十里许，年所征赋予澄籍居十之三，名三都者。""三都"之名，始于南宋时期的保甲制度，该地设置海沧一都、二都、三都。到了明代，一都、二都、三都合并为一二三都，简称"三都"。作为三都之地的海沧，一直以来就流传着"九头九尾十八坑"之传说。所谓"头",是指曲折海岸线中凸出的部分,"九头"是指石塘村的水头、排头、地头、渐美村的马地头、贞庵村的澳头、后井村的石甲头、许蓝头、地岸头、海沧村的大路头。所谓"尾",是指沿海凸出一部的末端,"九尾"是指渐美、坂尾(锦里)、钟林尾(钟山)、后山尾、草仔尾、陈都尾(温厝村属)、路头尾(海沧村属)、下尾(吴冠村属)、山尾(吴冠村属)。所谓"坑",是指低洼的地方,"十八坑"则分别指青礁村的龙湫坑(东宫故地),古楼村的后陵坑,困瑶村的西宁坑,锦里村的马坑、肖坑,温厝村的寮坑、宁坑、苏坑、蔡坑、徐坑,海沧农场的洪坑,后井村的内坑,渐美村的芦坑,石塘村的马内坑、花坑、斜坑、东坑。正是在这样的自然风土上,海沧构建起了独特的人文气息。

作为海上枢纽,海沧的战略地位一直备受世人关注。革命先驱孙中山在其《建国方略》对厦门港的规划中留下了这样一段记载:"(厦门)此亦一老条约港也,在于思明岛。厦门有深广且良好之港面,管有相当之腹地,跨福建、江西两省南部,富有煤铁矿产。此港经营对马来群岛及南亚细亚半岛之频繁贸易,所有南洋诸岛、安南、缅甸、暹罗、马来各邦之华侨大抵来自厦门附近,故厦门与南洋之间载客之业极盛。如使铁路已经发展,穿入腹地煤铁矿区,则厦门必开发而为现在更大之海港。吾意须于此港面之西方建新式商埠,以为江西、福建南部丰富矿区之一出口。此港应施以新式设备,使能联陆海两面之运输以为一气。"其中的"此港面之西方建新式商埠""施以新式设备,使能联陆海两面之运输以为一气",也就是在厦门港的西侧,即海沧建设一个新式港口,形成海陆联运的东方大港。

作为文化荟萃之地,海沧这一片热土始终充满着丰富多样的人文气息。海沧的文化之根在于陆地,源于中原。但是,海沧的文化并没有停留在陆地或者中原的文化传承,而是不断地向大海延伸、向海外扩展。如果说闽南是大海的故乡,那么海沧则也是一大批海外人士的故乡。钟山蔡氏、石塘谢氏、锦里林氏、祥露庄氏、贞庵江氏……不仅在海沧繁衍生息，同时也在数百年期间先后迁移到了中国台湾地区、东南亚等一带。为了不忘祖先福荫之恩、水源木本之义，海沧先民修建祠堂、重整家庙，构建起了闽南地区极为独特的宗教信仰与文化传承。在这片土地上，保生大帝的民间信仰、闽台送王船的风俗礼仪、海沧蜈蚣阁进香等活动，既充满了无比浓郁的地方传统氛围，同时也带有不断创新的现代人文特征，形成了具有自身独特风格的人文风土。

作为文明窗口，海沧的社会进程展现了中国乡村文明的深化与发展，并始终保持着与时俱进的步伐。三都之名凸显了海沧的历史渊源，行政变迁提示了海沧自乡村向城市不断发展的区域演变，经济腾飞再现了海沧改革开放、积极进取的时代精神，传统回归彰显了海沧人不忘根本、探索文化融合的质朴性格。如果说《建国方略》展示的是海沧在海西建设中的未来性，那么如今的海沧随着新开发区的建设，已经成为厦门联络中国台湾、中国香港特别行政区、日本、韩国、东南亚、印度乃至美国等国家和地区，构建福建乃至中国全球化发展的重要基地。所谓"文明窗口"，也就是海沧经历了从传统乡村到现代都市的蜕变，成为中国社会文明进步的一道缩影；所谓"与时俱进"，或许并不只是海沧一地所独有的根本性格，但可以说它正是海沧得以蓬勃发展、不断进步的思想源泉与核心动力之所在。

或许我们可以说，海沧的本质在门户枢纽、文化、文明之中彰显海沧魅力，而事实上，随着社会的发展，尤其是城市化的不断扩张，海沧正在历经变迁，甚至体验痛苦的蜕变，以实现新时代的自我定位的转型。但我们相信，海沧的变迁并不是遮蔽或者隔断源于传统地区定位，而是将它进一步加以深化，或者说展开了一个全方位的科学定位。

时代的步伐不可阻挡，时代的变迁令人回想。如今，在海沧这一片历经千年传承、东风西雨一遍遍洗礼的土地之上，拥有数不尽的文化传统、历史遗迹、人文风格的乡村开始逐渐退出历史舞台。这究竟是一个时代的进步，还是一个文化的遗失；究竟是一个现代文明的拓展，还是一个本土文化的断裂？或许我们要尝试去做的就是将它们记录下来，使它以一个新的形式流传下去。

风土海沧系列研究，就是对海沧乡村的城市化而展开的人文调查。这一研究的缘起，来自海沧文化馆黄达绥馆长的执着追求，同时也是立足于过去的海沧非物质文化遗产的编撰基础。这样一个收集整理资料的过程，无疑是漫长而痛苦的一段经历，但是同时也是面临城市新规划必须解决的迫在眉睫的问题。不仅如此，作为编写委员会的一员，我也禁不住不断地质问自己，海沧是什么？如何来表述海沧？如何来评价表述海沧的行为？

首先，海沧是什么？或许对于大多数的外来者而言，它不过是一个流动人生的驿站，一个短暂休憩的港湾。但是，对于一直生活在这一片土地上的人而言，它是一条没有发生任何转移的根；对于始终眷念着这一片土地的宁静与和谐的人而言，它是一片可以寄托希望、实现梦想的热土。海沧不再是与我们相对立的存在，而是我不得不加以依托且将我们包容在一起的故乡。而且，也正是海沧文化风土的极为丰富的多样性，使我们找到寄存于我们心底的故乡。海沧是一片海，展现出了它的包容性；海沧是一首诗，述说着它的曲折历史，海沧就是这样的一片热土。

如何来表述海沧？它给予我们的感动，不仅在于它的风土地貌、建筑景致、民俗祭祀，同时也在于它深切的、终极的人文关怀。海沧的风土地貌并不稀奇，但是却充满了崎岖坎坷；海沧的建筑景致也不独特，但是却带有了斑驳沧桑；海沧的人文祭祀也不新奇，但是却依托在了山海之间。就在这样的不起眼处、不经意间，海沧的人文风土得以凸显。茅草屋上吹拂的茅草，小桥流水间逝去的落叶，远山烟雾笼罩下的杉树林，常常让我面对海沧的这一片宁静而和谐的大海发出无限感叹。这样的感动，并不是将会给我带来什么惊诧的表情或者什么紧张的情绪，而是一种潜移默化的、不断深入心底的流动。或许也就在这样的不起眼处、不经意间，我们已融入了它的人文风土之中。

优秀传统文化是中华民族的精神纽带，是中华民族的精神之根、智慧之根，是中华民族生生不息、团结奋进的不竭精神动力，任何国家和民族在世界的崛起，不仅需要经济、军事等国家硬实力的强大支撑，也需要内向凝聚力、外向感召力和文化软实力相辅相成，从而不断增强建设民族共有的精神家园，努力提高全社会文化自觉和文化自信。如何来评价我们的表述海沧的行为？看起来我们所尝试的，不过是将历史的资料、现实的感受、口述的文本堆砌在一起，但我们是用这种最为直观的呈现，来传承优秀的传统文化，把握未来前行的方向，这也正是本系列图书始终坚持不变的叙述方式的根源之所在。

夕阳西下，古榕参天，海沧风土系列考察就是以钟山村为起点而逐步深入的。我还依稀记得第一次踏入钟山村的情形：在一片夕阳的光晕之中，榕树留下了无数的斑驳身影，长街两畔的古宅越发凸显出了历史的沧桑，黄达绥馆长、林致平顾问、刘丽萍女士与厦门大学人类学的博士们一道朝着夕阳下的道路前行。就在这一刻，我感受到了一种生命的永恒。这是一种夕阳、古树、小道、旧宅联系到一起，流淌出和谐静谧的氛围的一种生命的永恒，会伴随着我们的工作而不断地延伸下去，并激励着我们一路走下去的一种生命的永恒。

吴光辉　谨记

厦门大学囊萤楼

2015 年 10 月 28 日

目 录

ଔ 第一章　回眸历史·1
　　第一节　政区变迁·1
　　第二节　人文荟萃·18
　　第三节　古村新貌·35

ଔ 第二章　钟灵毓秀·51
　　第一节　灵石奇观·51
　　第二节　古厝风华·57
　　第三节　本草保生·89

ଔ 第三章　侨台情缘·122
　　第一节　思齐开台·122
　　第二节　扬帆出海·140
　　第三节　情愫深深·149

ଔ 第四章　千年神踪·151
　　第一节　守护东宫·151
　　第二节　万应寒单·153
　　第三节　神缘绵绵·165

ଔ 青礁村入选央视《记住乡愁》·169

ଔ 后记·177

第一章　回眸历史

导　言

厦门市海沧区青礁行政村位于海沧区与漳州角美镇相接壤的边缘。宋代杨志古碑云"介漳泉之间,有沃壤焉,地势砥平名曰青礁",可见其历史悠久。青礁村是一处人文鼎盛、储精毓秀,以颜氏族群为主聚居的美丽古村,占地面积约5平方千米。2016年,全村约有2000户,居民约6000人,全村划分为14个村民小组,由大路、后松、埭仔、鸿江、过田、芦塘、院前7个自然村组成。

近几年来,青礁村2000多亩地用于建设码头泊位、桥梁高速路等项目,为厦门海沧的发展做出了重大的贡献。在现代化建设突飞猛进的同时,如何留住古村文脉、留住古村历史风貌建筑、留住古村的宝贵自然景观等成为一个新的课题。本章从回眸历史开始追溯青礁村的前世今生。

第一节　政区变迁

青礁村始于北宋庆历四年(1044年),山东颜回后裔颜慥辗转入闽,受到蔡襄的举荐,任漳州路教授,后卜居青礁,成为青礁颜氏始祖，颜氏族人世代聚居繁衍遂成村落，时属漳州府。

明代，海澄县之海沧一都、二都、三都合并为一二三都，简称"三都"，青礁社隶属三都。

清朝基本沿袭明建制，社改保，海沧属城外北路，设五保，青礁属永昌保。

1940年，海澄县划为4区，下辖5镇14乡，178保，海沧属于第四区，青礁属海澄第四区。

1942年，第四区改名为海沧区，辖下乡保不变，青礁村的隶属亦不变。

1945年，海澄县撤销区制，保留乡镇，原海沧区称海沧乡，青礁村为海沧乡所辖。

1947年，海沧地区仅存海沧乡和金霞乡，青礁村属海沧乡。

1949年，废除乡镇保甲，海沧属海澄县第四区，区辖村，辖青礁村。

1950年，改为区辖乡，青礁村改称青礁乡。

1955年，改四区名为海沧区。

1956年7月，各区乡镇合并，海沧区辖海沧、囷瑶、锦里、石塘、新垵，共5乡，青礁村属海沧乡。

1958年4月，撤海沧区，霞阳乡并入新垵乡，这一时期青礁村亦属新垵乡。

1958年8月，海澄县与龙溪县并为龙海县，同时龙海县之海沧乡、新垵乡划入厦门郊区，设海沧公社，领14大队；东孚乡、鼎美乡并为东孚公社（1984年改乡，1991年改镇），领9大队；自此，海沧公社受厦门郊区管辖，青礁大队属厦门海沧公社。

1984年10月，海沧公社更名为海沧乡，辖海沧、后井、贞庵、温厝、渐美、东屿、钟山、石塘、青礁、囷瑶、锦里、鳌冠12个大队，杏林公社改杏林镇，辖新垵、霞阳两个大队。

1986年11月，改郊区的海沧乡为海沧镇。

古地图上的青礁

1987年7月,厦门郊区更名为集美区,海沧属集美管辖。

2006年,撤销海沧镇建制,设海沧、新阳两个街道。海沧街道办事处辖海沧、鳌冠、钟山、温厝、海发5个社区居委会和海沧、石塘、东屿、贞庵、渐美、后井、锦里、囷瑶、青礁9个村民委员会(以下简称"村委会")。

当代地图上的青礁

口述历史

亲历青礁村史 30 年

口述者：颜在强
采访地点：颜在强家
采访时间：2016 年 3 月 6 日下午
采访人员：卢志明、苏娟、武瑶瑶、郑萍
采访执笔：苏娟

1933 年颜在强出生于海沧区青礁村。那时候，海沧区隶属于福建省海澄县。生逢乱世，个人的命运注定要随时代浪潮乘风前行。

颜在强见证了抗日战争、解放战争、中华人民共和国成立、改革开放等历史进程中的海沧青礁。直至今日，他依旧关注着这

口述历史采访现场

片土地的发展。他在战火中出生,在日寇轰炸中度过童年;1949年解放战争胜利前夕,他被国民党抓去当了一个月的苦力。中华人民共和国成立,万象更新,他也开始了生命的新天地:1954年始,在初级农业合作社到高级农业合作社阶段担任合作社社长;1961年,当选海沧公社社长;1963年,成为海沧公社副社长;1979年,"文化大革命"之后调回公社,担任党委副书记。1983年,在副书记任上退休。

沧桑80多载、耄耋之年的老书记颜在强,在袅袅茶香中娓娓道来那些在时代长河中的人与事……

孩童时,青礁小学我所在的班级只剩3个人

青礁是一个有上千年历史的古村,自古以来,人文荟萃,文化繁盛,在科举没有废除之前,就有24人中过进士。源远流长的文化传统,丰厚璀璨的人文底蕴,使生活在这片土地上的人们,从来都明白文化的重要性,并致力于教育事业的发展。早在抗日战争爆发之前,青礁村就已经有了一所自己的小学,招收村里的学生读书。现在青礁还有自己的国学馆,每到周末都能听到孩子们琅琅的读书声。

20世纪30年代,中国社会处于飘摇动荡的时期,日寇侵华的炮火打响,整个中国陷于战争的恐怖中。那个时候,外敌当前,没有办法拿到侨汇,村里的经济一片凋敝的景象,教育事业也一度停滞发展。我当时刚好在村里读小学,经常要顶着敌人的轰炸去学校,在炮火声中读书。随着局势一天天紧张,为了躲避战火,学校里的学生越来越少。最后,我所在的班级只剩下3个人,要想继续读书只能走出青礁。

顶着子弹当民夫,历险还乡

解放战争时,我还有过一段传奇的历险经历。1949年10月,

国民党节节败退，退守厦门。他们抓了海沧的很多村民去当民夫，到一座山上，帮他们挖战壕、担弹药、修筑工事。我当时17岁，家里父亲、伯父、叔叔、堂哥还有我都被抓去了。国民党部队没有为我们准备吃的，被抓走的时候除了带自己的铺盖还要自备粮食。村民们为此专门去祭祀"寒单爷"，为被抓去的乡亲们祈福，希望我们能平平安安地回来。

当时战争已经打响了，炮弹常常与我们擦身而过。也许是寒单爷的护佑吧，村民并没有什么伤亡。

解放战争胜利的前一天晚上，国民党部队已经暗自决定退守台湾，但他们并没有放我们回乡，而是将我们像往常一样关押在一间房子里。第二天天亮了，我们正等着他们来催上工，却等来了解放军，我们终于重新获得了自由，回到了青礁村！

我当上第一任合作社社长到海澄县开会

1952年，刚刚20岁的我意气风发，一心想要投入中华人民共和国的建设当中，并当上了互助组的组长。不久，村里成立了初级农业合作社，我当选为社长，自此开始了与海沧公社发展同呼吸、共命运的政治生活。

农业合作社是一种新的农业发展模式。在初级阶段，人们以土地、农具入股的形式参与合作社，按照劳力大小评工分，获得收入。最初我村有1000多人参与，成立了三四个合作社，到高级社阶段时合并到一起。合作社的形成使村民之间的联系更加紧密了，大家互帮互助、共同生产，提高了农民劳动的积极性；粮食实行统购统销政策，避免了生产过多或者过少带来的价格差异和产品浪费，人们吃饱穿暖，生活大大好于中华人民共和国成立以前。

1952年，青礁村在行政划分上受海澄县管辖，我和村里的干部经常要到县里面汇报工作，参加各种会议，听取上级的指示。

那时，我们青礁村是远离县政治中心的一个村，要开一次会还真不容易。青礁是位于海滨的村子，出门的交通主要靠船，所以每次开会，我都是从海沧路头尾驾船到海澄县，把船停好后，我再徒步上码头，步行一段路到会场开会。

青礁村为厦门市所辖

在农村初级合作社的前几年里，青礁村所处的海沧曾经建立过海沧区。

1958年4月，撤海沧区，霞阳乡并入新垵乡；之后，海澄县与龙溪县并为龙海县，龙海县海沧乡、新垵乡划入厦门郊区，设海沧公社，领14大队；东孚乡、鼎美乡并为东孚公社（1984年改乡，1991年改镇），领9大队。这时，海沧就不属于海澄县管辖了，青礁村自然也不需海澄县管辖，开会也不用再到海澄县了。

追溯起来，海沧乡的青礁村曾经被龙海县管辖了4个月。4个月后，它的命运发生了变化，从此成了厦门郊区的一部分。在行政划分上，公社管辖大队，因此海沧公社中包括了青礁大队。那时，所有的海沧人、青礁人一夜之间都变成了厦门人。为此，在群众中，情感上也都很振奋，因为他们与"市"的概念更接近了。他们原来是县里的农民，现在是厦门郊区的农民了。尽管农民的身份不变，但对外可以名正言顺地称为"厦门人"了。

对本人而言，海沧乡的干部在厦门同样受重视。那时，我由合作社的成员提升到乡里工作，做的仍然是主管农业生产的事，主要是督促群众交公粮，平常的时候，提醒农民努力生产，减少灾害。当然，作为乡一级的干部，和农民的接触都是近距离的，遇上农田灾害、台风，我们深入在第一线，有什么问题都可以当场解决。

我和村民度过困难时期

青礁成为一个生产大队受厦门管辖后,直到1961年10月,海沧公社另设锦里、渐美公社。这一年,我通过选举正式成为了海沧公社的社长,从青礁大队上升到海沧公社工作,开始了我20多年的干部生涯。

这时,由于片面追求工农业生产和建设的高速度,忽视了事物客观的发展规律,整个青礁村的生产生活也经历了一段困难时期。

这一时期,统购统销的任务完不成,农民吃不饱,有时候还要采野菜充饥。作为社长,看到家乡人的生活困苦,而我又没有切实可行的解决办法,感到很心痛。这段记忆,也成为我以后努力工作、发展青礁经济、改善人民生活的一大动力。

"文化大革命"岁月洗礼

粮食恐慌的阴云渐渐消散,人民的生活也渐渐缓过劲儿来。1964年5月,锦里、渐美公社复入海沧公社,原属海沧公社的新垵、霞阳两个大队划属杏林公社。这时,我成了公社的副社长,继续为公社的建设出力。

接着,"文化大革命"开始了。幸运的是,海沧受到的影响比较小,我当时和集体一起接受批斗,只是形式上的批评教育,没有受到实质性的伤害。由于青礁是一个地处东南沿海的一个村庄,没有受到特别大的冲击,同时,在20世纪70年代,青礁村的经济还有所突破,取得了比较可人的成绩。

"文化大革命"结束之后,我重新被调回公社,成为党委副书记。一直到1983年,在我50岁的时候退休。

算起来我在副书记任上总共5年,有人会问,为什么在社会派系斗争最为动荡的时期,我还能独善其身?仔细想想其实并没有什么秘诀,我只是做了一个乡村工作者应该做的事。首先,我不搞宗派,不参与派系斗争;其次,我有自己的处世之道,有自己的原则，不贪腐；最后，要始终保持一个农民的本分，为乡亲们着想，做实事。

海沧拥有的首辆汽车是颜中允特批

20世纪70年代，中国还处于计划经济时期。计划经济又称指令性经济，是一种经济体系。在这种体系下，国家在生产、资源分配及产品消费各方面，都是由政府事先进行计划。由于几乎所有计划经济体制都依赖政府的指令性计划，因此计划经济也被称为指令性经济。简单说来，就是在这种经济模式下，生产什么、生产多少是由国家统一安排的，之后生产的产品如何分配也是国家统一配给的。那个时候，买任何东西都是需要指标的。

当时，青礁村要办一个造纸厂，急需一辆汽车，而整个公社都没有这个指标。我当时是海沧公社的副社长，为了解决这一问题拜访了很多熟人，最后想起了一位老乡颜中允。他曾经是马来西亚地下党，解放战争时加入中国人民解放军，中华人民共和国成立后转业至南京汽车厂当书记。我想这个老乡同志应该能帮助我们解决汽车的问题，就立刻动身，亲自去南京找他，讲了我们的家乡风貌，以及海沧公社在经济发展上面临的困难，诚恳地请求他的帮助。最终，在他的帮助下，我平价争取到了指标之外的一辆汽车，为海沧公社经济发展解了燃眉之急。

这辆南京牌、载重2.5吨的汽车是当时整个海沧第一部也是唯一一辆汽车，直到20世纪80年代改革开放之后，公社才有了面包车及其他车型。这辆汽车在青礁村的经济发展史上是一个大功臣。可以说，没有这辆汽车，就不会那么容易打破经济发展的僵局。直到现在，我也忘不了那个时候帮助我们的老乡。可以说，青礁村是靠着青礁乡亲们的共同努力发展起来的。

改革开放,抓住机遇发展新兴产业

青礁村面朝大海、背倚青山,是人杰地灵之所。中华人民共和国成立之后,依靠国家政策的支持,随着时代脉搏的跳动,凭着青礁人的灵气和自强不息的精神,其发展一直走在整个海沧的前列。

作为一个沿海村庄,青礁村是最早走出国门的。20世纪70年代,部分嗅觉敏锐的村民开始从事石材开发,支持城市建设;20世纪70年代末期,石材开始销往国外,主要流向日本;20世纪80年代,大规模开采石材出口日本,形成石材企业。在这期间,青礁人发现日本买入石材原料之后会加工成各种成品出售,获利更多。因此,村民开始转变经济发展模式,从单纯出口原料逐渐开始进行粗加工、精加工,生产出成品出口,使石材企业进入了新的发展时期。

党的十一届三中全会过后,借着改革开放的春风,青礁村经济更上一层楼,所建的虾池、石材厂在海沧是比较早的。其中,海泉石材厂是青礁最早的石材厂,第一任董事长颜在宗和总经理颜国南都是青礁人。该厂后来与海沧各石材厂组成海沧石材集团。除了石材业,青礁村的砖窑企业、造纸业在这一时期都有所发展。

青礁村是一个开放的村庄,时刻抓住时代的发展脉搏,承接新兴产业,迎来了经济发展的春天。

当前,在城市化大潮下,青礁村再次面临挑战,土地逐渐被征用,人们开始走出青礁,谋求更大的发展。青礁村随着海沧开发大潮,融入整个海沧的经济发展当中。

不失本心,守护青礁奇石文化

青礁村临海处的池塘边,矗立着两块青白色的礁石,纤尘不染,颇有灵气,本村人称它为"信杯石"。也有人考证这两块石头就是青礁石,青礁村村名即源于此。青礁古石卧在碧绿的水中,形如民间信仰中的求签杯,旁边还有一块"风动石"和一块"香炉石",周围围绕着"蛇石""龟石""鸡母石"。自古以来,村民认为这些石头有灵性,神由此生,故而历代村民对此多有呵护,是青礁村珍贵的自然景观。然而,随着青礁村的发展,这方宝藏却险些葬身刀斧之下。

  青礁村石材产业的蓬勃发展,给创业者带来了巨大的利润,很多人在经济效益的驱动下,大规模开采石材,村中奇石也未能幸免,蛇石、龟石、鸡母石均被开采。当时,人们已经开始挖凿青礁石了,这下村里的一些有识之士和长老坐不住了,一致认为发展经济不能葬送上天留给后代子孙的宝贵遗产,不能牺牲村里的瑰宝来换取一时的利益,所以许多人反映到公社来了。我心里是支持禁止再开发这些景观石材的,但事情还得由村民们处理,于是要求村委会面对这种呼声解决问题。当时,已经有人在青礁石上打眼准备炸石开采了,而这时村委会也做出了决议,决定要保护信杯石。幸亏当时及时制止了采石行为,这才保住了青礁村独特的自然景观,保住了青礁人的文化宝藏。

香炉石

青礁村是一座坐落于厦漳之交的古村落,在阵阵涛声中走过近千年的岁月。在古镇的海边,有几块青石,将厚重的历史展示在人们眼前;在村庄的边缘,有一条高速公路,将城市的气息带进了这片绿水青山。

"风土海沧"民俗调查组在一个午后走进颜在强的家门,颜老虽已过耄耋之年,但身体还十分硬朗,依稀可见当年风采。他穿着朴素,戴一顶帽子,热情地接待了调查组。

谈及青礁村的发展,老书记总有讲不尽的故事、说不完的话,经历抗日战争、解放战争、中华人民共和国成立、改革开放这几个时期,颜在强的人生经历就是一卷青礁古村发展变化的活历史。从他的叙述中,可以看到将近百年青礁村的变迁、起伏和发展,以及青礁村人在时代浪潮中自强不息的身影和精神。

文化值得守护,历史需要铭记。一座村庄,数代乡亲,千年记忆,但愿这些乡土故事,能够像信杯石一样,在滚滚涛声中历久弥新。

记　忆

农耕时代的青礁留下了许多值得骄傲的记忆,青礁土地肥沃、依山临海、物产丰饶,许多农产品成了当地的品牌。

海埔番薯

海埔番薯是生长在青礁村滨海滩涂改造成的田园的一种地瓜,因为青礁人把地瓜称作番薯,据说地瓜是由番平(南洋)传进闽南的,所以才有番薯的别称。海埔番薯的特殊之处就是个头特别大,甚至一根藤上可以结几个番薯,最大的一个可达数千克重。海埔番

海埔番薯

薯不仅个头大而且质量好、甜度高,还特别适合切开晒成番薯角或番薯干、番薯签。可惜的是,一段时间以来,海埔的田园抛荒,接着土地被征用,很难见到海埔番薯的踪影了。

七耳石蚝

七耳石蚝原是青礁的特产之一,在海沧一带颇负盛名。青礁村滨海处原有一大片滩涂,青礁人在滩涂上安置了数千条蚝石,七耳蚝是依附在蚝石上生长的,俗称"石头蚝"。一个蚝有两个贝壳,一个小而平,另一个大而隆起,表面凹凸不平。用剖刀剜开壳,但见白胖胖的蚝仔懒洋洋地静卧其间,个头小蚝膏浓,肉白腮黑,拈一个放在手心,仔细数一数,共有七个耳(鳃),当年"青礁七耳蚝"就因之得名。

那时，每年农历十一月、十二月，正是七耳蚝大收成的季节。村民们特制了一种工具——蚝拓，前端是一尺来长，薄而锋利的扁凿子，紧紧套在一寻（闽南语指两手左右张开，中指间的长度）多长的木扁担上，扛着蚝拓，村民们就下海了。步入蚝石区，放眼所见，蚝石一大片，黑压压的。它们或独立，或相依，井然有序地排列着，七耳石蚝的小窝窝就在这些条石上。蚝筛箩（一种竹编工具）放稳后，里面垫一扁条石，左手抓蚝石，靠住条石，右手握蚝拓，紧贴蚝石自上而下用力削。随着"唰刷唰"的声响，石蚝仔纷纷下落。拓蚝最需耐力和技巧：人们的手掌得牢牢握住拓柄，不能让它们随意滑动，否则，泡泡就会一个又一个地从掌心冒出来；蚝拓柄也得紧贴肩膀，挥动胳膊时要有一定的节奏，如此才不易疲劳。蚝满筛箩后，拓蚝者便张开双脚，猫下腰，抓起箩耳，时而左右甩，时而上下扬，把蚝屑筛出去，留下个大肉满的，然后才吱悠吱悠地把它们挑回家。但这一场景现在已经完全消失了。

渠畔莲藕

宋代诗人杨万里诗云："毕竟西湖六月中，风光不与四时同，接天莲叶无穷碧，映日荷花别样红。"青礁人种植莲藕虽然没有"无穷碧"的规模，但在引水渠畔种植莲藕却是别有特色。青礁滨海地带在土地征用前，有人在引水渠下的池塘种莲藕，品质相当不错，莲藕属淡水水生植物，而渠畔莲藕淡中有点咸，成就了它的特殊质量。渠畔莲藕微甜而脆，既可生食也可做菜，而且药用价值相当高，它的根叶、花须、果实，无不为宝，都可滋补入药。将莲藕制成粉，能消食止泻，开胃清热，滋补养性，预防内出血，是妇孺和体弱多病者上好的流质食品和滋补佳珍。

园蔬佳果

青礁村的土地除了种植水稻和以上所说的一些农产品外,还种植了许多蔬菜和水果。蔬菜主要有油菜、白菜、空心菜、莴苣、丝瓜、冬瓜和南瓜等;水果主要有芭乐(番石榴)、芒果、葡萄和桂圆等。

古 韵

古厝船雕显现古村底蕴

青礁村的古建筑众多,展示了古村深厚的历史底蕴。

古厝船雕

风格古朴却又气势恢宏的颜氏家庙崇恩堂,规模浩大、造型典雅,历经几百年岁月的洗礼,仍不失其壮观气势。门前两个"颜"字彩灯,高过膝盖的门槛,对开的两扇红门,雄伟的石鼓,足见颜氏祖上的显赫地位。崇恩堂内,对联"祖孙冢宰父子卿相"尤为醒目。宋朝时期,青礁颜氏共出了24位进士,家门一时极盛,缙绅辈出,堪称世家望族。

修建于清光绪年间的院前颜氏古厝,由6座房子组成,包括两条护厝,也称"六落古厝"。站在古厝的庭院前,可以看到三落古厝成"一"字形排列,规模宏大,气势非凡。再加上建造精良,在海沧众多的古厝中,颜氏古厝可谓独具特色,美轮美奂。

有些古厝的山花(燕尾脊下、人字形墙面上端的装饰)大都以琴、剑、书卷、画轴为装饰图案,体现主人的高雅志向。特别值得一提的是,在青礁的古厝中,有不少建筑上的图案采用了船只的题材。建于清代的古厝中,甚至出现了代表近代科技的"火烟轮"(蒸汽轮船)。其他如远洋的福船,滨海渔家的小舢板,也都出现在古厝的彩绘之中,充分反映出海沧人坚持传统而不拒吸纳外洋的理念,这与青礁村先民闯荡海洋的经历密不可分。

古 树

青礁古榕怀抱"蚝甜"

榕树在闽南到处都有,但在海沧青礁村的开漳堂边上,有一棵奇特的"树中树",它是由一株古榕和一株当地俗称"蚝甜"的树形成的合体。近睹这棵奇特的"树中树",表面上看它是一棵榕树,枝繁叶茂,树干粗壮,要五六个人才能合抱,可仔细一看,榕树树干里还包裹着一棵两三个人才能合抱的蚝甜树。根据当地居民说,两树合一的"树中树"少说也有数百年的树龄,因为村里面的长者都

榕树抱"蚝甜"

说他们前几代人就看到这棵奇树了。

据颜建春介绍，1989年，他刚来到这里的时候，"树中树"可不是这样子的。"那时候的蚝甜树长得比榕树还要高，而榕树因为被虫蛀了，光秃秃的几乎没有叶子。"颜建春说。

为了救活这棵"树中树"，颜建春当时带着人用高压水枪和农药不停地冲洗它的树干和枝叶，绿色的毛毛虫成片成片地往下掉。"掉下来的毛毛虫装满了十几个水桶"，颜建春说。经过这次除虫，古榕得以重焕生机，长势良好，反而把蚝甜树包裹其中。

颜建春还介绍，古榕和蚝甜从此成为一体，但长势却不相同，榕树的许多气根落地后又成了树干，可以说是"横向发展"，蚝甜却往上直冒，似乎展现它"爱冒尖"的个性。但没想到的是，1999年的一次台风，刮断了冒尖的蚝甜树。令人惊奇的是，蚝甜树还真有点百折不挠的精神，被刮断多年的树干上，最近又长出了新的枝叶。登高观望，榕树、蚝甜都显得生机盎然，只是一片葱郁当中有两种不同形态的叶子。

第二节　人文荟萃

青礁颜氏的家风是崇尚耕读。耕读文化在这个古村已传承千年，村中颜氏族人也人才辈出。在科举时代，青礁颜氏科甲鼎盛，不论在朝廷为官还是在学术上进取都能本着"居庙堂之高则爱其民，处经书之深则正其义"。在历史长河中，青礁颜氏中进士的达24人，最近又从族谱和有关史料中新增4人，在一个仅5平方千米的古村中，如此亮丽的人文特色并不多见。尤其值得一提的是，青礁颜氏在历史上有许多人迁往我国台湾、南洋及世界各地。他们秉持祖训，通过自身历练也多数功业有成，颜思齐、颜永成即其中的佼佼者。

颜　慥　开颜氏崇文重教、耕读传家之先河

颜慥

颜慥是青礁颜氏的开基祖，是一代儒宗。他耕读传家的精神对后代的颜氏族人影响深远。

据史料载，颜慥（1009—1077年），字汝实，号朴庵，北宋恩贡，以德行文章驰名于世，为复圣颜子（颜回）第50代孙，唐代杰出书法家颜真卿第11代孙，后唐诗人颜仁郁第5代孙。由于家学渊源，有良好的家风和学风，颜慥少年时笃志好学，常怀步

月登云之志,在漳郡西湖白莲书院求学,与蔡襄结为金石之交,两人唱和颇多。仁宗庆历年间,蔡襄任郡守时,推荐颜慥为漳州路教授,每当蔡襄提倡新政,颜慥都鼎力相助。后来,蔡襄赴京任端明殿学士,颜慥就举家迁往龙溪青礁,过着隐居的耕读生活,自号"八十遁翁",为青礁颜氏肇基始祖。

据厦门市颜子文化研究会秘书长颜水荣先生《颜慥》一文的记叙:

颜慥定居青礁后,隐居以求其志,行义以达其道。北宋年间,漳属各地涝旱相连,疠瘴横生,民生凋敝,文教未兴。颜慥定居青礁后,大展经纶,兴办学校,传授儒家经典,周围数百里的民众远迩毕至。礁海之滨,岐山之麓,一时书声琅琅,尊师重道蔚然成风,漳郡之人悉尽教化。历代漳州府志都有记载,漳州的民众至今仍追颂不忘,称赞颜慥的功绩可与韩愈演教潮阳的事迹相媲美。

春华秋实,蓝田生玉。中国古代是一个封建宗法的社会,耕可自给,读可荣身。许多读书人以业儒致仕为唯一进取的价值观。颜慥以文兴族,上承陋巷圣贤之遗风,下开漳郡儒风之先河,使青礁颜氏历代不乏学识渊博的学者和名垂青史的政治家。据《漳州志》记载:"宋时此乡科第最盛。"两宋时期,青礁人才济济,科甲联芳,满朝朱紫,形成极为壮观的青礁士大夫群体。宋代青礁颜氏涌现了18位进士,其中出类拔萃者,首推颜慥第5代孙颜师鲁。其先后担任监察御史、国子祭酒、吏部尚书、大中大夫,封漳浦郡侯。颜师鲁之孙颜颐仲官至吏部尚书,颜耆仲、颜颐仲兄弟二人一直受到朝廷的重用。当时,天下称儒学政事,必以"二颜昆仲为首"。颜颐仲侄孙颜荣官至户部尚书,故有"颜师鲁祖孙五代三尚书"之美谈。元、明、清时,颜慥后裔仍枝繁叶茂。元代颜孔孔、颜希哲一辈亦簪缨继奕,如列雁行;明中宪大夫、山东巡抚颜继祖续衍其流;清颜希深、颜检、颜伯焘、颜以燠祖孙三代人又扬其波,出了4个

颜希哲

督抚及8个赏戴花翎的人,有一副对联赞曰:"一门三世四督抚,五部十省八花翎。"穷源溯流,青礁颜氏后裔能屡屡蟾宫折桂,全然得益于颜慥的"兴文教、盛儒风"之遗风一脉相承,代代相传。自颜慥肇基青礁以来,子孙繁盛,遍布闽、粤、台及海外。迨至大明万历年间,青礁已繁衍至4000之众。当今青礁村有4000余人是颜慥第13代孙颜嘉谟派下。其余支派播迁北京独石、浙江瑞安、贵州普安;广东境内之普宁、兴宁、潮州、潮阳、海丰、连平;八闽的福州、营前、福清、长乐、安溪、连江、仙游、龙岩、古田、同安港头、刘五店;漳州属地之漳浦、马坪、云霄、南靖、颜厝、西桥、凤塘、东山、平和、峙后、钱宅、铁店、瀛店和渐山等地。其后人明末清初陆续东渡台澎,分布于台南、高雄、彰化、台中……今日,我国台湾颜氏多为其后裔。清末至民国初期,其后人远播东南亚者星罗棋布,较为聚族而居之地为越南、泰国、柬埔寨、新加坡、马来西亚、印度尼西亚、菲律宾等地。

"以耕读的方式让家族延续;以不朽的功业标榜青史;以不灭的精神昭示后人。"太史公司马迁所谓的"三不朽",颜慥当之无愧。

斗转星移,逝者如斯。"四上不登第,漂流二十年。依依去国恨,杯酒春风前。"北宋名臣蔡襄的《别颜汝实》历经千年仍为人们抒怀吟唱。

颜师鲁　创办院前书塾传播文化

颜师鲁(1119—1193年),字几圣,南宋龙溪县青礁人,是宋代著名的理学家。为官耿直无私，直言不讳，敢于谏政，《宋史》本传称赞他"遇事尽言""大节确如金石"。先后任福清知县、礼部侍郎、吏部尚书兼侍读。后因年老乞归，皇帝不允，任泉州府知府，绍熙二年（1191年）修葺洛阳桥。卒于任职上，时年75岁。

任监察御史时，有人仗势走后门谋求监察职位，他坚决抵制。并就此事向宋高宗奏说："近年来，一些人善于逢迎巴结，钻营向上爬，勾结受皇上得宠的人。这种人，一旦大权在握，竭力搜刮民膏，启用这种'人才'，到头来贪而败国。"他不计较官职高低、处处以百姓为念的学问和操行，受到皇帝的器重。

颜师鲁在朝为官，政事繁忙，公务缠身，但仍然不忘家乡教育。查考有关历史记载，纵观颜师鲁一生历程，他对家乡子弟教育问题是呕心沥血的。可以说，颜师鲁致力于教育的精神和斐然的成果流芳于世。

在青礁，至今还流传着一个保生大帝救忠臣（九世祖）的故事。南宋时期，当时的吏部尚书颜师鲁，为振兴家乡教育事业，培育更多的人才，创办院前书塾，供养一批秀才学子在此传播文化。然而，朝廷政敌向宋高宗密奏：颜师鲁养学子是为了谋反，这批学子是日后重建朝政的储备人才。皇帝派钦差大臣赴闽实地调查，如果查证属实，颜师鲁将会被满门抄斩，株连九族，院前书塾顿时陷入一片混乱。就在危急时刻，有一个秀才想出良策，连夜把保生大帝请回来供奉，将院前书塾改建成保生大帝庙宇。钦差大臣看到非但是书塾，而是虔诚的保生大帝信徒们的活动场所，他本人还前往慈济宫朝拜。宋高宗永记吴夲治先祖乳疾之恩，听到颜师鲁建庙宇追思祖先恩人，是大忠臣，非但没有责怪，反而龙心大悦。

颜 彻　力学尚志

颜彻，字介树，一字子通，颜师鲁之子。少警敏庄重，力学尚志节，师鲁奇之，每有所奏，必与其进行一番讨论。颜彻以茂才荐南外睦宗院。丁父忧服阕，除授西外睦宗院，后为永福县令。多历外任，有政声。丞相葛邲首荐颜彻于朝。嘉泰年间，丞相谢深甫、参政何澹向朝廷举荐 35 人，颜彻为预选之一。

颜彻"力学尚志节"，奋力学习的精神，受到父亲颜师鲁的"奇之"和重用，"每有所奏，必与其进行一番讨论"。而最终颜彻以茂才荐授南外睦宗院。这些都体现了颜家一贯家风。

颜耆仲　雅爱士子，崇学奖风

颜耆仲，字景英，颜彻之子。南宋福建龙溪青礁人。弱冠以祖泽入仕，补承务郎，调福州海口镇。镇有书院，廪资不足。颜耆仲到任后始置庄田，制祭服，供养生员，镇人感其德，为其立生祠纪念。后知鄞县，遇大灾，将要危及府衙，颜耆仲以厚赏召集乡民救灾。大火扑灭后，他所给的赏钱都是自己的私钱，不动一厘公款。后迁进奏院，除知江阴军，修建学校，充实廪给，政绩卓著。正当朝廷重用他时，颜耆仲却已厌倦官场，"浩然有归志"。遂除知池州，改江西运判兼权知隆兴府。召除太府少卿，提举建宁府武夷山冲佑观。颜耆仲雅爱士子，所至以崇学校奖风谊为先，于乡下尤加意买田为桂庄，岁入钱四十五万余。及田未垦者，种植可获百斛，积三年所入，赠以贫寒生员，资助其学业。奉诏岁试士子于平湖书院，按其成绩分别给予奖励，士子无不钦佩赞赏。官至中奉大夫，赐爵龙溪县开国男。端平年间（1234—1236 年），朝廷征召正直之士，其与弟颜颐仲齐名，一起受到朝廷重用。当时天下称儒学政事者，必以"二颜"昆仲为首。

终考颜耆仲一生，无不为教育尽心尽力，特别难能可贵的是资助贫寒学子，完成学业，体现了颜家先祖高风亮节。

颜颐仲 德馨文雅

颜颐仲（1187—1262年）南宋大臣，字景正，颜彻之子，颜耆仲之弟。以祖荫补宁化县尉，后任西安丞，除西安县令，皆有善政，民受其德。其在端平年间，曾与兄长颜耆仲于福州建造九仙观，摹写道经564函度藏。乡人立二公祠于道藏之右。归老时又曾于鹤鸣山建造天开图画亭、仙亭岩，为漳州史迹。由上可见，颜颐仲对文化的执着和追求。

颜振仲 笃意建学，借废田于学

颜振仲，字景玉，颜颐仲弟。以祖泽补登仕郎，曾宰安溪县，以赵忠定所书"公、勤、廉、恕"四字刻于县斋自警。释冤狱，当地以神称之。后为蒲阳令，笃意建学，借废田于学，以瞻士子。当年乡试，名列前茅者皆蒲阳弟子。时论皆以为振仲激励之效。奉旨调遣招讨司，飞雄军军噪于市，要求增加粮饷。颜振仲躬出抚谕，以副厅官钱给予增发，皆拜而去。官至朝散郎。

颜唐臣 出资造堤以利民生

颜唐臣（1129—1211年）字旋纲，号理庵，南宋龙溪县青礁人。绍兴十八年（1148年）进士，所居地有绿石渡，潮涨可行舟，潮退泥泞不堪，他出资造堤便民行走，堤长2780尺，堤上筑态度亭。其子敏若又筑南堤至新亭，长1900尺。岁久淤深，其孙颜戴再砌石增高，建庵于憩亭侧。里人有谚云："渡不难，待三颜"。后人敬其德，祀于慈济宫。

颜唐臣

颜敏德　敏而有德

颜敏德，字克和，号养斋，乾道五年（1169年）进士，唐臣次子，知德化县，擢知循州，除邕筦安抚使。其地素有峒蛮，敏德以威信待峒人，不敢犯，民赖以安，朝旨嘉之，官至朝散大夫。

颜　燹　安黎族有功

颜燹，字子治，号泰初，祖籍福建漳州龙溪青礁，颜敏德三子。以父泽补知循州，历任多在琼海（海南）外，以安黎族有功。适逢诸峒民攻昌化军（儋州），颜燹讨捕悉平之。南宋理宗端平二年（1235年）诏改昌化军为南宁军，令其守之。除琼管安抚使，未行，除直秘阁，将漕广西，后以宝谟阁学士致仕。

颜继祖　刚正不阿　改良印刷技术

据《漳州府志》记载，颜继祖字绳其，号同兰，明万历四十七年（1619年）中进士。历任工科给事中、吏科都给事中、右佥都御使、太常寺少卿等职。

"颜继祖做官时，正是魏忠贤阉党在朝之时。据当地史料记载，颜继祖多次对阵阉党，刚正不阿。"村民介绍说。崇祯元年（1628年），朱由检即帝位，开始惩治魏忠贤阉党，原为魏忠贤"十孩儿"之一的兵科给事中李鲁生知形势不妙，赶紧上疏请对揭发魏忠贤二十四大罪的杨涟免于追究审理，以自别于阉党。颜继祖上疏揭发其奸，李鲁生阴谋未能得逞，终被谪戍山西平定州。

崇祯十二年（1639年）正月，清兵攻陷济南，德王朱由柜被俘，颜继祖兵寡力薄，无法兼顾，朝廷遂归咎颜继祖失职，逮捕下狱，定罪斩首，令人感叹不已。

印刷术是中国古代四大发明之一,对人类文化的发展做出了贡献。到了明末以后,出现了彩色套印和凹凸印刷之术。如采用传统水墨套色的饾版和拱花印刷技术,所印笺谱秀美清妍,色彩动人,装帧精美。

"提到饾版印刷就不得不提到颜继祖。"村民老颜介绍说。据学术界考证,明代末年胡正言、颜继祖在17世纪40年代用饾版、拱花技术,编印了《十竹斋笺谱》《萝轩变古笺谱》等彩色套印和凹凸印刷版画,发展了木版水印技术。

作为朝廷重臣,颜继祖居然在印刷出版史上留下浓重的一笔,殊为难得。

颜思齐　开台第一人

颜慥第20代孙颜思齐,以"开台第一人"的历史地位被台湾民众尊为"开台王"。

颜伯焘　卫国筑炮台

颜伯焘(1792—1855年),字鲁舆,号载枫,别号小岱。他数十年沉浮官场,曾以"三十六字官箴"而享有盛名,其官箴:"吏不畏吾严而畏吾廉,民不服吾能而服吾公,公则民不敢慢,廉则吏不敢欺,公生明,廉生威。"他本人也以此作为座右铭。

颜思齐

1840年,鸦片战争打响,刚接任闽浙总督的颜伯焘根据形势判断,扼中国东南要地的厦门,必将有一场大战。当时,厦门海防只用沙袋,颜伯焘认为不足以抵御海上强敌,奏请道光帝拨200万两白银构建厦门海防设施,得到批准。他亲自设计和选材,构筑起一道坚固的"厦门海上长城"——石壁炮台。据说,1842年8月26日的厦门石壁之战,英国人尽管最终占领石壁炮台,但对颜伯焘所建的这处海上长城心存畏惧,他们竟用了大量的炸药并连续多天爆破才把它炸毁。

颜永成　乐善好施 海外兴教

颜永成

颜永成是颜氏先人中具代表性的人物,作为青礁颜氏迁出的侨胞,虽然出身贫寒,但乐善好施,在新加坡频得嘉誉。他创办华英义学(颜永成中学前身),让贫穷学生免费接受中、英两种语言教育;创立同济医社(后易名为同济医院)为贫苦人家施医赠药。

颜永成墓位于新加坡武吉布朗坟场,星洲浪人亲临其地拍摄颜永成家族的墓葬群,并对颜永成作简要介绍,以下摘录新加坡《叻报》对其的两则报道,足以见其美德。

集捐略记 ❶

本坡同济医院,近来广募捐输,欲宏善量,所有各节并诸君之欵,早已登录报中;但旅叻闽商之捐项,则犹未签题。

前日业经总理丰兴号刊有告白,召集诸闽商到议认捐之事,闻十九日已邀到诸君共议乐题捐项,而颜君永成一人最为踊跃,立为濡笔题助二千元,而丰兴号则捐至一千五百元,万兴号则捐至

---

❶ 摘自1891年10月23日《叻报》。

一千二百元，此外多寡不齐，总而计之约至九千余元之谱，而要其一人捐至一千元以上者，唯此三家而已。

贤哉！诸君乐善好施，洵足以风末俗，而颜君永成，尤能急公好义，慨解巨资，善量之宏，更为难得。

想丰兴、万兴各号，当仁不让，谅其捐项必更有加增，此外如苑生、德源各号，均属闽籍殷商，想亦不难乐助钜金，更能出良法以善规模，谅不任颜君一人专美于前者也！

爰喜书之，以志欣盼！

当仁不让 ❶

厦门平粜局发粜米石，每担仅收银三元六角，此事早经本报列登报牍，惟是漳泉二属地方寥阔，仅在厦门发粜，则道远者不免往返多艰。

兹悉本坡善绅颜永成慨发善心，特向厦局粜米一千担，每担照三元六角之价给予厦局，而后将此米石配至海沧地方，每担再减三角五占之价，仅粜银三元二角五占之数，而漳州陈孝廉炳煌亦仿照颜君所为在厦局粜米七百担，发往三都文昌书院，减价平粜所粜价值，悉照颜君之数。

善乎！两君所为，洵不愧博施济众矣！

华侨新四军老战士颜中允

颜中允是青礁院前村人，1912年12月17日生，2006年5月9日逝世。1935年，颜中允只身下南洋到新加坡。在此期间，抗日战争爆发，他和广大海外华侨一起积极投身于抗日斗争中。1937年10

---

❶ 摘自1898年7月26日《叻报》。

月,他在新加坡参加共产党的外围组织"中华民族解放先锋队"(简称"民先"),走上了革命的道路。

在民先中,颜中允担任店员界委员,他和同志们一起,积极地组织和开展各种抗日救亡宣传活动,宣传中国共产党的抗战政策和主张,号召广大侨胞支持抗战到底,反对投降妥协,惩办汉奸卖国贼;同时,他还积极地参与组织抗议资本家剥削工人及要求改善生活的罢工,发动队员及外围群众回国参加陕北公学及八路军,组织卖花、义演活动筹款支援祖国抗战。1938年1月9日,在新加坡的印度人提出要将该天的工资收入捐给中国抗日活动。为了对他们的行动给予支持,颜中允同志和民先队员们参加了抗日救亡的游行集会,被英国警察当局逮捕拘留。后来,经群众及报纸舆论的抗议,并经新加坡中华总商会出面交涉,英国警察当局宣布将他们无条件释放。1939年9月,由于民先的叛徒告密出卖,颜中允和另两名民先队员在秘密的油印室里被英国警察抓走,油印机、传单等也被没收,并被判刑三个月。1940年2月,颜中允和李鹏翔、柯竹山、王大美等人同时被英国当局驱逐乘船回国。在共产党党组织的接应下,他们一行辗转我国香港和澳门,由新加坡民先经党组织介绍到香港又转上海,后来在江苏常熟加入江南抗日义勇军(简称"江抗"),后又编入新四军,并于1940年8月加入中国共产党。他历任新四军江抗东路教导队学员、江抗西路四大队副政治指导员、江抗东路教导大队政治干事、新四军十八旅五十三团组织干事、五十二团和五十四团政治指导员,参加了江南马皮桥、紫山、江南反清乡、邵伯、宝应等抗击日寇的战斗,在马皮桥与日寇战斗中,被敌人的子弹击穿透右腹部,仍顽强坚持不下火线,直到战斗结束才被送进战地医院动手术抢救(中华人民共和国成立后,被定为二等甲级残废军人)。

解放战争时期,颜中允同志随部队编入中国人民解放军华东野战军,先后任苏中一分区高邮团政治指导员、苏中一分区卫生部政治教导员、苏中二分区宝应独立营政治教导员、二分区特务营政治教导员、三野特种纵队汽车大队政治教导员、三野特种纵队军械处政治教导员、三野特种纵队政治部工作团团长、政治教导员、三野特种纵队辎汽营政委、三野特种纵队辎汽团政治处主任。在淮海战役中,颜中允荣立三等功。

中华人民共和国成立后,颜中允先后任三野特种纵队修配总厂副政委、中央军委后勤部第三汽车制配厂副书记(被授少将军衔)。随着建设祖国序幕的拉开,颜中允同志带领三野特种纵队修配总厂(后勤部第三汽车制配厂)集体转业到地方,创建南京汽车厂,开始了民族汽车工业从无到有的艰苦创业历程。他先后担任第一机械工业部南京汽车制配厂书记,南京汽车制造厂厂长,南京汽车制造公司副经理,南京机械局副局长,南京汽车配件公司书记、经理,中国汽车工业公司南京分公司副书记。在汽车工业战线上,他始终认真地执行党的路线方针政策、兢兢业业、身先士卒,紧紧依靠广大干部和工人群众,充分发挥知识分子的积极性,带领全厂职工自力更生、艰苦奋斗,把从部队带进来的一个"一担挑"的军械修理厂建设成了新中国最早自主生产汽车的大型汽车集团公司,为发展我国的民族汽车制造业做出了巨大贡献。南京汽车制造厂从一个修配厂到生产出第一辆跃进牌汽车,再发展到今天能生产多品种、多类型的跃进汽车集团公司,颜中允同志功不可没。离休前,他担任南京汽车制造厂副厂长、南京汽车制造厂顾问组组长;离休后,他始终关心着中国汽车制造事业的改革和发展。

颜中允同志还担任了南京市第一届、第二届华侨联合会主席,为宣传党的侨务政策,动员、鼓励爱国华侨回国参加祖国社会主义建设做出了卓越贡献。

延 伸

青礁二十四进士

青礁村颜氏历经崇文重教家风的熏陶与滋养,传至五世,科甲联登,绵延400多年,跨越宋、元、明数朝。在这数百年间,颜氏族人中涌现了24位进士,经研究史料和整理口述资料,择列代表人物名单如下。

颜唐臣,宋进士,承事部;
颜师鲁,宋进士,吏部尚书,谥定肃;
颜大勳,宋进士,嘉议大夫;
颜大猷,宋进士,奉议大夫;
颜敏若,宋进士,中宪大夫;
颜敏德,宋进士,邑筦安抚使;
颜敏则,宋进士,奉议大夫;
颜敏道,宋进士,德化县令;
颜敏明,宋进士,参议大夫;
颜耆仲,宋进士,中奉大夫;
颜 赟,宋进士,太常寺卿;
颜维魁,宋进士,开封府尹;
颜 戴,宋进士,淮东节置使;
颜 几,宋进士,宝谟阁学士;
颜 质,宋进士,邑筦安抚使;
颜 纯,宋进士,福建路转运使;
颜复之,宋进士,太学录;
颜 贡,宋进士;
颜希孔,元进士,三山学录;
颜希哲,元进士,福清令;
颜希贤,元五经会魁,翰林学士;

颜用章，元进士，怀安知府；
颜贵来，元进士，南胜县尉；
颜奕芳，明进士，中宪大夫；
颜朝彬，明进士，靳州知州。

青礁村颜氏八座宗祠

开漳堂是颜氏的总祠堂，位于青礁村村口，已有1000多年历史，历经几次重修。为了让颜氏大宗恢复昔日的风采，我国台湾颜氏与青礁颜氏共同努力，经过两年多的修建，这座凝聚了两岸宗亲心血的开漳堂终于在2010年落成。

崇恩堂又名奉先祠，即青礁颜氏家庙。它原为前后两进夹一天井的廊院式闽南传统建筑，分前殿、天井和后殿，带左右回廊，总面宽13米，总进深26.4米，建筑面积343.2平方米，砖木石结构。其正立面开三门，墙体用花岗岩条石砌筑，大门两侧有精致的石雕装饰，廊道墙上有石碑5通，其中有明代、清乾隆、嘉庆二十

开漳堂

年（1815年）的记事碑或重修碑记，被列为福建省八闽名祠。

青礁村大宗、小宗共存有8座家庙，分别如下。

大宗：开漳堂（开基祖颜慥家庙）、崇泽堂、崇恩堂（颜朴庵家庙）。

小宗，即崇恩堂分布子孙七房（小宗），分别为长房宗祠缵恩堂、三房思恩堂、五房联恩堂、六房承恩堂、七房继恩堂。

耄耋名士撰写家庙碑记

万历三十五年（1607年），颜氏重修家庙，四乡传为盛事，观者如堵。当时，永春88岁的老人颜廷矩特此赶来，挥毫写下《始祖教授公家庙记》。全文203个字，追溯了"宋元两朝，五代十八玄孙皆科甲联芳，满朝紫贵，簪缨继世，支庶繁衍"的辉煌往昔；提出"今后子孙能继业复兴者，其始祖庙堂当建于金钩之前，回看文圃是也"的殷切希望。

全篇声情并茂，行文潇洒自如，字里行间流露出风雅厚重的气韵。执笔人颜廷矩何许人也？据《永春县志》第三十二卷记载："颜廷矩，字范卿，号陋巷生、赘翁、桃源渔人，始安里（今石鼓乡桃场村）人，生于明正德十四年（1519年）。嘉靖三十七年（1558年）被举为岁贡，曾任九江通判、大宁都司断事、岷王府长史。年七十余，辞官告归，纵游蓟燕吴越间，所过皆留诗纪胜，海内名士大多与其有交往。万历三十九年（1611年）卒，后世尊称"桃陵先生"。

颜廷矩工书法，但不肯轻易与人挥毫。坊间相传泉州有一财主欲为母祝寿，求其字不得，闻廷矩母嗜蚝，即买通一蚝贩，每日以一筐蚝骗一字。然而，耄耋之年的廷矩老人亲自赶到青礁为颜氏谱写家庙碑记，足见颜氏这一旺族当日之盛。

【颜氏家庙从祀碑记】

　　吾家祖庙名曰崇恩堂,构自明前,盖追祀上世教授朴庵公及数传以下列祖,旧碑载之详矣。迨海寇猖獗,乡族星散,而庙遂圮……。国朝康熙初,礁人鸠金重建,庙貌焕然。第囊时祀业遭乱失守,存者寥寥无几。庚午,逸士大耻公以及若愚、赓舜、尔鸿、勋臣诸公各支派孙子或捐资恢复,或置产增租,遂使春秋两祀荐豆笾者,物无患弗周,费无虞不足,其用光祭典,有功宗庙何如欤?众嘉诸孙子孝思,既乐奉乃祖乃父从祀庙中,恐历久弥湮,勒石以志不朽。

　　大耻公讳士行,逸士,工于诗,载邑志,充银五十两;子建公讳汝栋,充银伍拾两;宜鸾公讳廷镳,乡宾,充庆宁田三斗;郁人公讳廷芳黄衣寿叟,充后田洋田、东村园共贰斗;若愚公讳而栻,充帝厂圳边田贰斗;笃园公讳长春,乡祭酒,充店头田一斗五升;赓舜公讳鸿磬,充土楼后田贰斗;正忠公讳启昂,乡宾,充土楼后田一斗五升;淑猷公讳捷中,乡祭酒,孝行载邑志,充银五十两;发其公讳汝珪,邑癏旌善,充大井田一斗五升;尔鸿公讳捷元,庠生,充庆宁田三斗三升;崇荣公讳启和,充银五十两;勋臣公讳铭岗,乡宾,充银五十两;百福公讳文采,充西圳边观音石园共二斗五升;淑起公讳捷唐,修职郎,充银五十两。

乾隆三十年乙酉十月吉旦阖族立

　　碑存海沧区青礁村颜氏家庙崇恩堂内,嵌砌墙上,黄冈岩质,高2.36米,宽0.98米。楷书。保存基本完好。

【颜氏家庙重修碑记】

　　崇恩堂构自前明,越国朝康熙初鼎建,乾隆乙酉重修,追祀教授朴庵公数传以下列祖,相承勿替。第年湮世远,垣楹不无倾颓。爰是族众有充入从祀者,有踊跃捐资者,鸠工庀材,基址仍旧,而庙貌更新,轮矣奂矣。光俎豆而先灵,以尽孝思于无穷焉。兹既落成,勒石垂不朽。列祖从祀:例授文林郎观聚公充银壹佰伍拾元;例赠文林郎约齐公充银壹佰贰拾元；国学生、授修职郎东轩公充银壹百贰拾元；乾隆庚辰科举人龟溪公讳志远从祀；登仕郎秩侯公充银壹佰贰拾元；登仕郎永修公充银壹佰贰拾元；邑庠生鉴塘公充银壹佰贰拾元；功力儒士涣泗公充银壹佰贰拾元；诸孙子捐金、本族丁米，共捐银一千肆佰元。孝直大夫朝宗捐银壹佰元；国学生、授修职郎东轩公捐银壹佰元；登仕郎秩侯公捐银壹佰元；台湾诸子孙合捐银贰佰肆拾贰元；太学生邦□捐银伍拾元；太学生日省捐银叁拾元；太学生焕植捐银叁拾元；珍聘公捐银贰拾大元；邑庠生基荣、颜厝前西桥光焕、邑庠生文祥、振宗公、职侯、光秦、士锐公、嘉会公各捐银贰拾元；珠坑修职郎奕成公捐银叁拾元。

嘉庆二十年乙亥阴月吉旦阖族立

碑存海沧区青礁村颜氏家庙崇恩堂内，嵌砌墙上，辉绿岩质，高0.62米，宽1.25米。楷书。保存完好。

【颜氏家庙重修碑记】

崇恩堂者，由明代建祠之址也。迄于前清，屡加修葺矣。今阅时既久，风飘雨洒，栋折瓦崩，破坏不堪入目。于是命议重修，担义务者复出洋劝募，仍师其前事，以充金从祀，量力任捐为目的，均踊跃乐趋，诹吉兴工，美哉轮奂而庙貌又焕然一新耳。从此百世而下，昭穆相承，俎豆重光，无非贤嗣裔共相维持。兹皆落成，故勒石以为纪念云尔。

显正公充银贰佰陆拾元；懿麟公充银贰佰陆拾元；懿眼公充银叁佰贰拾元；懿寅公充银叁佰贰拾元；懿诗公充银叁佰大元；懿美公充银叁佰壹拾元；懿宽公充银叁佰贰拾元；衍买公充银叁佰贰拾元；长春捐银陆佰伍拾元；长贵捐银伍佰大元；九松捐银伍佰大元；懿领捐银肆佰大元；源炳捐银贰佰贰拾元；克明捐银叁佰大元；觞利、成通，以上各捐银贰佰元；明福、金叶，以上各捐银捌拾元；有德捐银壹佰贰拾元；和涂、克继、双印、宾钗、水波，以上各捐银

□□元;祥来、天性、应瑞、红玉,以上各捐银伍拾元;瑞草、文前,以上各捐银肆拾元;文华捐银叁拾大元;霞宫社捐银贰拾四元;珠酷、懿仔、绍颂、绍乃、绍力、衍沙、衍八、继教、德泰、宏史、文坚、得禄、湛时、肇渊、尚猛,以上各捐银贰拾元;光泮捐银壹拾伍大元;祯祥、绍为、清海、春生、源区、漾赛、启涂、懿铁、武赞、衍德、红桥、三杭、芦和,以上各捐银拾元;乾震、金枝、石德、有忠、文凯、杜□、文真、澄苗,以上各捐三元;颜厝前:春年捐银贰拾肆元;东溪捐银贰拾大元;漳澄、存仔,以上各捐银拾捌元;广昌、为卿,以上各捐银拾贰元;石蛋、松润、有年,以上各捐银八元;金生、能珍,以上各捐银六元。

中华民国甲子年腊月日,阖族立石

碑存海沧区青礁村颜氏家庙崇恩堂内,嵌砌墙上,花岗岩质,高 0.59 米,宽 1.12 米。楷书。保存完好。

第三节　古村新貌

今日青礁村不仅是保生慈济文化发祥地,"开台王"颜思齐故里,还是社会主义新农村的美丽家园,是美丽厦门共同缔造的一个亮点,是海峡两岸民间亲情往来的交流平台,是两岸同宗村,同时还是厦门首个两岸文化生态交流村、闽南文化生态保护区。2016 年,由于村里深厚的传统历史文化积淀,以及村中颜氏与《颜氏家训》作者颜之推也是血脉之亲,青礁村建立了家风家训传播基地。

闽南文化生态保护区

青礁村于 2014 年 6 月被列为闽南文化生态保护区,这是因为青礁古村里有几项文化特色,不仅成了加强两岸民间往来的媒介,而且还保留了较好的闽南文化生态。其中有一项是传承千年的保生大帝习俗，还有一项也是同样传承千年的"炮炸寒单爷"习俗。这项特色民俗与台东的炮炸寒单爷有深远的渊源关系。前不久，我国台湾相关民俗学者苦苦追寻台东炮炸寒单爷的根，最终在青礁村找到了。青礁村还有一项被列入国家非物质文化遗产特色的民俗——蜈蚣阁，这也是一项缘系台湾的民俗。正因为有了这些血脉相牵的情缘，这个古村成了民间对台文化交流的重要平台，这个古村的闽南文化生态他得到了较好的保护和传承。青礁村还有一道特殊的自然景观——青礁石与风动石。青礁村民深深地爱着这些自然瑰宝；同时，它们也是台胞、侨胞乡井的记忆和寻根的见证。

闽南文化生态保护区的设立能够为保护文化遗产、培养高度的文化自觉与文化自信提供有效的保障，也对促进海峡两岸文化交流、增强文化认同感具有重要意义。海沧青礁村与台湾联系密切，是闽南文化生态保护区，为海峡两岸交流搭建了新平台。当时的《厦门日报》刊载了长篇专题报道，全文如下。

青礁古村牵系两岸亲情 ❶

2014年6月13日，我市公布了一批省级闽南文化生态保护区，我们走进其中之一的海沧街道青礁村，这里是"开台王"颜思齐故里，古村里保存着良好的闽南文化生态，古宗祠、古民居、古河道，诉说着古往今来牵系两岸的人文故事。本报记者在深入采访中，还发现了隐藏在古村中的风动石，揭开了许多鲜为人知的人文故事。

---

❶ 卢志明，任学矕. 青礁古村牵系两岸亲情[N]. 厦门日报，2014-06-20（08）.

古村新貌吸引游客

青礁地处厦漳之间

人文鼎盛

青礁古村位于海沧区与漳州角美镇相接壤的边缘,对青礁村历史颇有了解的村民颜伟敏先生说,早在宋代从中原向南迁徙的颜氏族人就定居在了这个古村。南宋时,广州别驾杨志在撰写慈济宫碑时就提到"介漳泉之间,有沃壤焉,地势砥平,名曰青礁",他指出了青礁古村的特色,古代厦门地界属泉州府故称"漳泉之间",现在确切地应称"厦漳之间"。

青礁行政村是由青礁、鸿江、芦塘、院前、过田、官宅6个自然村组成。青礁慈济祖宫就坐落在青礁村。青礁村背靠歧山,前临大海之滨,地处陆路要冲,这些自然优势造就了这个古村的鼎盛人文。科举时代,从青礁古村走出了吏部尚书颜师鲁等多位名人,平民百姓也依托便捷的交通外出创业。

先民外出创业多往中国台湾和南洋,并在那里落地生根、枝繁叶茂。

村旁有一条河是九龙江的支流。它蜿蜒辗转,缓缓流淌,汇入九龙江。村里的颜在强老人说,以前这条河的河面要比现在宽阔得多,大小船只往来其中。最值得一提的是,明代末年,"开台第一人"颜思齐就是从这里走出青礁村的。如今,村民在河上架设木桥,夹岸种满蔬菜瓜果,眼前景象闲适悠然,很难想象颜思齐当年就是乘船沿着这条河前往中国台湾的。村里老人颇有感触地称这条河为"通向中国台湾的河"。

院前村村民积极参与缔造美丽

院前村"共同缔造"开展以来,村民参与积极性较高,村民自发组织劳动为"共同缔造"出力、出物等约150人次参加。据统计,全村居民自愿并主动让出鸡舍、鸽舍、猪舍、厕所等场所,目前已有一千多人次参与劳动。

缔造点进展迅速,成效显著。东宫处院前入口道路已拓宽,村民意识转变,主动让出部分菜地,使院前主干道由原有狭窄的3米拓宽至7米,让狭窄的道路变得宽敞。同时,施工队夜以继日地加班加点工作,仅用4天就完成了原破旧道路清除及重新硬化工作。

文化生态保护搭建两岸交流平台

明清之际播迁到台湾的颜氏宗亲,现在已成为那里的望族。前不久,海沧青礁村20多位颜氏宗亲前往台湾寻访阔别了几百年的血脉之亲。两岸颜氏共同缅怀祖先、畅叙亲谊。

下营红毛厝的颜氏家庙是台湾地区最古老的家庙之一。红毛厝的颜氏不忘饮水思源,宗祠的楹联道出颜氏一脉相承和代代相传的

两岸一家亲的青礁古村

印记。"从青礁发源,祖德宗功在昔创垂昭百代;分茅港聚族,子姓孙支于今俎豆耀千秋""开化安仁里宗传鲁邑 红毛绍箕裘派衍台疆",播迁轨迹一目了然,也道出了与青礁村不可割舍的血脉之情。青礁的族谱马上就和台湾地区的族谱对接上了。

家风家训传播基地

青礁村自古以来传承着《颜氏家训》,家训的作者颜之推是青礁村颜氏的远祖。

他和本村开基祖颜慥都是孔子得意门生颜回的子孙,祖籍都是山东,因此,《颜氏家训》在青礁村可谓一脉相传。

由于《颜氏家训》在本村颜氏的传承中属于嫡传,所以使这个古村的颜氏族人入闽千年来一直是民风淳朴、崇尚廉洁、勤俭自励、乐于耕读,人才辈出。

习近平总书记关于注重家教、家风的教导,意在"促进家庭和睦,促进亲人相亲相爱,促进下一代健康成长,促进老年人老有所养,使千千万万个家庭成为国家发展、民族进步、社会和谐的重要基点"。这些文化内涵在《颜氏家训》中都可以找到注脚。通过对《颜氏家训》的解读,取其精华、撷其要旨、注重时代精神、结合现实需要,青礁村总结传承了《颜氏家训》的经验,2016年在大夫第开展了"颜氏家训传千年"的专题活动,并使这里成为海沧区家风家训传播基地。2016年5月23日,时任福建省委纪委书记的倪岳峰,亲临青礁考察。

闽南文化生态保护区

为了更好地对非物质文化遗产、物质文化遗产、自然遗产,以及其保存、生存的环境进行整体性保护,国家设立了文化生态保护区。

国家级文化生态保护区是指以保护非物质文化遗产为核心,对历史文化积淀丰厚、存续状态良好,并且具有重要价值和鲜明特色的文化形态进行整体性保护,经文化部批准设立的特定区域。

文化生态保护区的设立,标志着我国非物质文化遗产保护工作由静态的、单项的保护进入动态的、整体性保护新阶段。

闽南文化生态保护实验区是于2007年6月经文化部批准设立的第一个国家级文化生态保护实验区。为了更好地落实《国务院关于支持福建省加快建设海峡两岸经济区的若干意见》(2009)、《海峡两岸经济区发展规划》(2011)提出的"加快推进闽南文化生态保护实验区建设""建设两岸文化交流的重要基地"的战略部署,按照《文化部关于加强国家级文化生态保护区建设的指导意见》等文件精神,还编制了《闽南文化生态保护区总体规划》。在这个整体规划中,有详细的规划条例可供遵循。

东宫中医药博物馆

海沧重要的文化建设项目——青礁慈济东宫中医药博物馆已开

始动工兴建,至 2016 年已初具规模。该博物馆是目前大陆规划面积最大的两岸中医药文化博物馆,今后还将建设海峡两岸交流馆、中华医药史展馆等。博物馆旨在以两岸中医药文化历史为背景,弘扬保生慈济精神,充分展示两岸中医药历史的传承和发展。中医药博物馆的兴建为青礁古村增添了一大亮色。

多才多艺的村民

青礁村的村民平时虽然以务工务农为主,但村民们热爱文化、热爱文艺,用文化艺术来点缀生活,不仅提升了生活品位,而且还经常参与对外交流活动,获得了不少奖项。村里每年在东宫进香时所展示的蜈蚣阁,现在已是国家级非物质文化遗产名录中的项目。其他的项目,如大鼓凉伞,在"2013 激情海沧"大鼓凉伞比赛中获得三等奖。

链 接

颜建平 风华舞动歌仔戏

青礁村人的文艺细胞很活跃,人们常说闽南传统的歌仔戏是"老人戏",其实不然,丰厚的艺术内涵也使不少年轻人倾情于歌仔戏。青礁村的颜建平投身到其中,对这一艺术孜孜不倦地追寻着。

颜建平,生于 1992 年,家住青礁村鸿江社。风华正茂的他对歌仔戏情有独钟。他从小就热爱戏曲,8 岁开始每逢佳节就跟着奶奶在村里的戏台看戏,虽然不懂曲调,却一听就会跟着唱。他从小的梦想就是成为一名歌仔戏演员。

2006 年 10 月 8 日,年方 14 的颜建平开始了他的戏曲生涯。他

颜建平的舞台扮相

从厦门市海沧中学转学,借读于厦门市翔安区吕塘戏曲民间艺术学校,在学校里系统地学习了高甲戏和歌仔戏(芗剧)。经过两年的刻苦学习,他于2008年正式踏上舞台演出。那是他人生中第一次上舞台,演出的剧目是高甲戏剧本《双孤玉缘》(也称《母子情》)。他第一次上台演出,担任的是配角,但也足以让他激动,毕竟迈出了梦想坚实的一步。后来,他又担任了人生的第一个高甲戏角色——《五女拜寿》的五女婿,角色的分量也有所提升。他说:"当时非常感谢师父给我安排的角色,让我有学习的空间!"在吕塘戏校的4年里,他屡次跟随剧团赴金门岛为金门乡亲演出,还曾经出国演出,受到了极大的欢迎。

在艺术生涯的道路上,颜建平对歌仔戏艺术的追求更加执着。2010年年底,他离开母校翔安区吕塘民间戏曲艺术学校,来到了人生地不熟的龙海地区进一步开始歌仔戏(芗剧)的学习,先后在菁艺、日月兴、巧莉等芗剧歌仔戏剧团演出。2016年,他在漳州市海澄镇巧莉芗剧团里扮演文小生、配角老生等角色。他在追求艺术的道路上更上了一层楼,同时他也有一个志向,希望今后能凭借自己的实力开办一家属于青礁人自己的歌仔戏团。

古村企业方兴未艾

目前,青礁村村民有一部分以农耕种植为生,一部分就近打工

城市菜地

或是上班，一部分村民则依托临近自贸区的地缘优势自办企业，有些原来在外地打工的青年看到古村的发展变化后回归村庄，组织济生缘合作社，兴办城市菜地，以及和台资合作兴建凤梨酥作坊，解决村里的就业问题。此外，村里还有面线厂及台胞经营的民宿马克客栈等。

青礁村凭借地处厦漳交界处的地理优势，目前已成为现代企业的聚集之地。至2016年，青礁村辖区内有中国石油办事处、机械公司、伞业加工公司、高尔夫球制造公司、鞋厂等大小规模不等的公司共60多家。尤其值得一提的是，2015年，从青礁架往漳州的厦漳大桥已经通车；2015年，中国（福建）自由贸易试验区厦门片区正式建立，海沧园区临近青礁古村，这无疑为青礁村民创业提供了良好的条件。至2016年5月，青礁村人在自贸区注册的企业已达160多家。青礁村2016年自贸区企业清单见下表。

青礁村 2016 年自贸区企业清单

单位名称	主要业务活动（或主要产品）
厦门呈玮皓工贸有限公司	模具制造
厦门升益美金属制品有限公司	金属制品制造
厦门新正兴汽车销售服务有限公司	汽车零售
厦门农茂蔬菜有限公司	蔬菜种植
厦门宏祯机械设备有限公司	发电机及发电机组制造
厦门渔仓商贸有限公司	批发业
中石化森美（福建）石油有限公司厦门辉明龙加油站	石油及制品批发
中质信（北京）信用评价中心厦门分中心	专业咨询
厦门欣龙腾机械有限公司	生产、销售机械及配件
厦门西本钢铁贸易有限公司	金属及金属矿批发
厦门今墨商贸有限公司	建材批发
厦门蒙正钢铁贸易有限公司	化工产品批发
厦门高辰建筑科技有限公司	房屋建筑业
厦门寰盛建筑工程有限公司	房屋建筑业
厦门昌鸿祥汽车服务有限公司	汽车修理与维护
厦门烨玮机电设备安装有限公司	金属结构制造
厦门鑫建元五金制品有限公司	制造业
厦门松辉艺投资有限公司	投资与资产管理
厦门净龙环保科技有限公司	环境保护监测
厦门市鑫容辉工贸有限公司	服饰制造
厦门奥宝驰工贸有限公司	汽车零部件及配件制造
厦门市盛峰红天然饮品有限公司	酒、饮料及茶叶批发
厦门市盛梓鑫木制品有限公司	木片加工
厦门源合兴土石方工程有限公司	服务业

续表

单位名称	主要业务活动（或主要产品）
厦门晶显电子科技有限公司	信息系统集成服务
厦门成鑫华钢铁贸易有限公司	化工产品批发
厦门意达旺钢铁贸易有限公司	化工产品批发
厦门鑫台德机械制造有限公司	铸造机械制造
厦门向鑫源商贸有限公司	家庭用品批发
厦门松辉艺石材有限公司	建筑用石加工销售
厦门汇购网络科技有限公司	综合零售
厦门东声电子有限公司海沧分公司	电子真空器件制造
厦门海沧旅游投资集团有限公司青礁慈济祖宫景区管理处	服务业
厦门海沧区青建铸造厂	建筑材料制造
厦门畅志贸易有限公司	纺织品、针织品及原料批发
厦门济生缘农业开发有限公司	农业科学研究和试验发展
厦门农融生态农业有限公司	水果种植
厦门母舅公食品有限公司	糕点、面包制造
厦门亦可贸易有限公司	金属及金属矿批发
厦门珠峰石业有限公司	石材灶台制造
厦门安尔佳电热电器有限公司	生产发热器
厦门溢恩宏博汽车服务有限公司	汽车维修
厦门建秀机械工程有限公司	工程绿化
厦门恒新达商贸有限公司	批发化工产品润滑油
厦门永佳昕商贸有限公司	批发五金
厦门通敏航空器材有限公司	五金产品批发
厦门膳真餐饮有限公司	小吃
厦门柏坤贸易有限公司	农业机械批发

续表

单位名称	主要业务活动（或主要产品）
厦门鸣进兴劳务服务有限公司	居民服务业
厦门海沧石材集团有限公司	加工石材
厦门海沧海泉实业有限公司	厂房出租
厦门海沧龙辉石业有限公司	石材加工
厦门海沧宏华石材有限公司	石材加工
厦门源海鑫工贸有限公司	电子元件及组件制造
厦门金满仓洋伞有限公司	其他日用品制造
厦门巨热电热科技有限公司	工程和技术研究和试验发展
厦门家豪家具有限公司	家具制造
厦门鑫威海特工贸有限公司	金属制日用品制造
厦门鑫益轩餐饮管理有限公司	正餐服务
厦门南方松木业有限公司	木材加工
厦门晟仕商贸有限公司	生活用品及日用杂货批发
厦门济生缘农家餐饮有限公司	正餐服务
厦门超全工贸有限公司	建材批发
厦门尼尔电子科技有限公司	生产LED灯透镜配件
厦门鸿扬乾坤通风设备有限公司	加工五金材料
厦门硬山钢铁贸易有限公司	批发零售钢材
厦门垒钢钢铁贸易有限公司	批发零售钢材
厦门保圣慈济园林花卉有限公司	园林装饰
厦门梓琪钢铁贸易有限公司	批发零售
厦门山瑛金属材料有限公司	批发铝制品
厦门柏兰园林花卉有限公司	园林绿化
厦门忠博钢铁贸易有限公司	批发钢材
厦门联福鑫金属材料有限公司	金属加工

第一章　回眸历史　47

续表

单位名称	主要业务活动（或主要产品）
厦门五庆包装制品有限公司	生产包装材料
厦门同集翔工贸有限公司	生产汽车配件
厦门信隆康宝车汇有限公司	汽车维修
厦门海山宏贸易有限公司	批发文体用品、日用品
厦门美德利节能设备有限公司	生产铝合金溶料
厦门欣顺晟机械工贸有限公司	加工机械产品
厦门鑫裕强雨具有限公司	生产雨具
厦门嘉材木结构工程有限公司	木结构工程设计
厦门誉兴机电设备有限公司	批发发电机
厦门三瑛铝业有限公司	加工铝箔金属制品
厦门立藤工程机械有限公司	生产装载机
厦门木本木业有限公司	生产加工木制品
厦门博景建筑有限公司	房屋建筑施工总承包
厦门珑丰鞋业有限公司	生产皮鞋
厦门三里湾农业科技有限公司	景观设计
厦门富坤生活电器科技有限公司	加工五金
厦门高立美贸易有限公司	批发表面处理剂
厦门科维检测有限公司	螺丝无损检测
厦门格灵生物技术有限公司	木制品加工
厦门益展工贸有限公司	木材加工
厦门德日工贸有限公司	销售模具钢材
厦门永辉达木制品有限公司	加工木制品
厦门溢成投资有限公司	建材批发
厦门良舟化工机械有限公司	生产机械设备
厦门青祥机械有限公司	制造机械零部件

续表

单位名称	主要业务活动（或主要产品）
厦门宸庄贸易有限公司	批发润滑油
厦门有正工贸有限公司	建材批发
厦门金乐运物流有限公司	货物运输代理
厦门海联发建筑工程有限公司	园林景观
厦门新正兴机械维修有限公司	机械维修
厦门汉江工贸有限公司	制造、加工模具
厦门腾芸汽车部件有限公司	生产汽车配件
厦门星本钢铁贸易有限公司	批发零售钢材
厦门融旺钢铁贸易有限公司	批发零售钢材
厦门星霖钢铁贸易有限公司	批发钢材
厦门山阳泰钢铁贸易有限公司	批发零售钢材
厦门广钢钢铁贸易有限公司	批发零售钢材
厦门鼎利钢铁贸易有限公司	批发零售钢材
厦门京玖钢材贸易有限公司	批发零售钢材
厦门沪霖钢铁贸易有限公司	批发零售钢材
厦门曹宁钢铁贸易有限公司	销售钢材
厦门善仟旺钢铁贸易有限公司	批发零售钢材
厦门忠浩钢铁贸易有限公司	销售钢材建材
厦门鑫奕杰工贸有限公司	批发化工原料
厦门忠鸿贸易有限公司	批发建材
厦门忠凌钢铁贸易有限公司	批发零售钢材
厦门欣路晟钢铁贸易有限公司	批发零售钢材
厦门闽衡钢铁贸易有限公司	批发钢材
厦门易嘉讯电子商务有限公司	批发蔬菜、肉食品、禽蛋
厦门市海沧区金荣发蔬菜种植专业合作社	批发蔬菜

续表

单位名称	主要业务活动（或主要产品）
隆耀便利店	零售烟草
厦门海沧区利泉石材厂	石材加工
厦门市海沧区聚家欢果蔬专业合作社	苗木种植
厦门鸿达丰石材有限公司	石材加工
厦门龙湫泉投资发展有限公司	苗木种植
厦门溢成物流有限公司	仓储
厦门鑫之鼎工贸有限公司	生产不干胶
厦门市海沧区龙佳升建材厂	建筑涂料制造
厦门市海沧区绿新兴农副产品专业合作社	家禽畜牧养殖
厦门市海沧区院前济生缘果蔬专业合作社	水果种植
厦门市海沧区农广发果蔬专业合作社	蔬菜种植
厦门浩祥大药房有限公司	药品经营
厦门新颖发石材有限公司	石制品
厦门辉明龙石油有限公司	零售汽油
厦门佳睿华材料科技有限公司	批发石油化工产品
厦门鹏昕达金属工贸有限公司	金属材料加工
厦门高必达汽车服务有限公司	汽车维护
厦门莱亿鑫贸易有限公司	保洁贸易
厦门惠鸿祥物流有限公司	土方工程
厦门益坤环保工程有限公司	环保设备生产
厦门兴广发工程机械有限公司	零售工程机械车
厦门市海沧区崎山实业有限公司	加工石材
厦门一电电机有限公司	发电机组制造
厦门新正兴机械发展有限公司	机械零部件加工
厦门品瑞工贸有限公司	照明器具

续表

单位名称	主要业务活动（或主要产品）
厦门慈济堂贸易有限公司	中药材
厦门市海沧区勇源钻井施工队	二氧化碳
厦门鲁川山庄休闲有限公司	其他娱乐业
厦门富成恺工贸有限公司	塑料制品制造
厦门济生缘烘焙食品有限公司	饼干及其他焙烤食品制造
厦门市海沧区供销社青礁门市部	日用品零售
厦门研景艺术文化有限公司	雕塑工艺品制造
厦门三发贸易有限公司	金属及金属矿批发
厦门宏佳盛商贸有限公司	批发蔬菜
厦门润子菡钢铁贸易有限公司	建材批发
厦门市海沧区宝成钢业有限公司	自有房地产经营活动
厦门市海沧区螺阳机电维修部	机电维修

第二章　钟灵毓秀

古人云："山川秀，人杰兴。"青礁村自古以来人才辈出，这也得益于山川的钟灵毓秀。这里是山海交织的地方，岐山东鸣岭现在已是青礁慈济宫的圣地，村中青礁石、风动石、香炉石、案头石等各蕴灵气。这里前有涛声，背倚青山，先民亦耕亦渔。特别是到了明清之际，海沧成为海沧丝绸之路的重要节点，青礁村的弄潮儿扬帆出海，在异域他国努力打拼，成绩斐然。为了回报家乡，他们建造华屋，让子孙们得以遮风避雨。山川的灵秀给予子孙的恩赐是无尽的，在弘扬保生慈济文化的今天，保生就是保护生灵、保护生态，而生态给予人们的最高价值就是健康。在古村里，还有传承千年的本草药方，这是青礁村又一个最具特色而又值得骄傲的地方。

第一节　灵石奇观

青礁村的"青礁"

青礁村位于厦门与漳州临交界处的中心，处在九龙江出海口，是保生大帝的得道之所，也是"开台王"颜思齐的故里。青礁村依山傍海，南宋进士杨志于嘉定二年（1209年）撰写的《慈济宫碑》记载："介漳泉之间有沃壤焉，名曰青礁，地势砥平，襟层峦而带溟渤……"

近十多年来，研究青礁村的人文和地理的文章屡见报刊，可从未有人探索过青礁村村名的来历。当地的颜明远、颜有能先生，在村里找到一块形如两瓣求签爻的礁石。它静静地浮在水面上，约四五十平方米，当地俗称"信杯石"。青礁古村正是由此石而得名，而此青礁石即为青礁古村的发源地。

青礁村的"青礁"

青礁石东南角有一块重六七吨的风动石。古村怎么会冒出一块风动石？颜有能介绍，风动石原是海里的一块礁石，因历代青礁人多次填海造地，使这里由沧海变成了桑田。南宋伊始，青礁人口逐渐增多。为防止海水侵蚀，青礁村民在颜唐臣爷孙三代带领下，有规模地对青礁海滩进行填海筑堤。《龙海县志》记载了青礁进士颜唐臣的事迹："里有绿石渡，潮涨可行舟，潮退泥圩愁，倡导乡人在此填土铺石为堤，长2780尺，筑重长工亭供涉水者歇息，其子敏若又筑南堤至新亭，长1900尺，岁久淤深，孙载再砌石增高，建庵於憩亭侧。"古时，青礁海岸线在青礁大路与埭仔自然村之间，至今，青礁埭仔井水都为碱水，盖房子挖地基时挖出的泥土还会有海泥及贝壳。在未通自来水以前，青礁人喝水贵如油，每一桶水都要到慈济宫山脚下的井里挑。外村人给青礁编的顺口溜"青礁没水来洗脚"，道出青礁人用水的艰辛。历经几代人的填海筑堤，这一巨石如今藏在村中就不足为奇了，经过风吹浪打的风动石，已成为村里一道奇观。

风动石

村中老人介绍，青礁古石右边有一块600多平方米的蛇石，左边二三百米处有一块200多平方米的龟石和一块100多平方米的鸡母石。三峰护卫左右，镇锁水口。可惜，在早年的筑堤挖渠和20世纪80年代矿石出口浪潮中，蛇石、龟石、鸡母石先后被人开采。所幸青礁古石形如求签爻，村民认为该石由神力所生，因此当地人及时制止了采石的行为，如今青礁古石仍留有采凿的伤痕。

美丽的青礁石

要探索青礁村名的由来,可深入剖析当地其他村名,如临村白礁的史料记载:每当海潮涨落之时,水流激荡,村前礁石被冲刷成白色,潮汐之时"村前顿起芦花结为白礁",故得名。困瑶毛穴广村也是一例,因村中有一池塘两边有两口井,岸如蟹钳、塘如背、井如眼、地理形状如毛蟹,故取名"毛穴广"。青礁名字的由来也是如此。1996年,漳州文化局专家在青礁慈济宫山脚下院前自然村挖掘出土打制石器,证明距今近万年前青礁已有古人类生息繁衍,发现的石器有小石杵,可用来砸开贝壳。这说明青礁人以猎获水生动物为主要生产方式,青礁古石又是人们经常下海猎食的地方,青礁古石在生产生活中占有重要地位,这奠定了以青礁取名的基础。乡民常常下海捕鱼拾贝,累了就在青礁古石上歇息。久而久之,这块石头成为乡民劳作之余重要聚集场所和主要地理路标。古石又风尘不染,因而此村得名青礁。在青礁礁石上,还可寻到古人凿刻的台阶。邻近的蛇石、龟石、鸡母石出水面积较小,仅称得上护石,所以乡民选择体积较大并能提供乡民聚集的青礁古石来命名村落。

链　接

青礁古村有块风动石

青礁村的滨海地带竟然有块风动石。当地的颜有能先生说,古村中的风动石见证了地理的变迁。颜先生说,古村处于滨海地带,历史上常受海浪的袭蚀,后来建有堤岸,部分海滩变成了内湖。风动石就位于内湖的岸边。

仔细观赏这块风动石,就会发现它是一块海蚀石。随着沧海变桑田,这块风动石现在已高出地面两米多。颜先生说,这块石头原在海底,不知经历了几千年的海蚀变化才成了现在这样。这块奇石的奥妙,并不在于石头上有海蚀的痕迹,而在于它是一块千真万确的"风动石"。不久前,有人在石头边放羊,一阵大风吹来,他竟然感觉到石头居然动了起来,把石缝下的草压弯了好多。为了证实它的确是一块风动石,在大风过后,朝它一推,石头也会动起来。很多人半信半疑,前往一试。果然,这块重达好几吨的石头,在人们不太用力推的情况下是能动起来的。

远映岐山案堂石

案堂石位于院前村内,石长数丈,由于其形状如一块巨大的镇堂木,所以被称为案堂石。这块巨石十分灵秀,它和青礁慈济祖宫所在的岐山东鸣岭遥遥相对,故千百年来被称为青礁祖宫风水石。

因为这块巨石距离东鸣岭有千米之遥,所以要一睹它的真容并不太容易。登上东鸣岭保生大帝石像的平台远眺,就会发现案堂奇石与东鸣岭相得益彰,让人不得不赞叹古人考察风水的能力。

案堂石

石条水渠留史迹

青礁村现在还留下一道数十米长的石条水渠。这条水渠与青礁村其他石文化有一个截然不同之处:上述的青礁村石文化大多是天然的,而这条水渠蕴含的石头文化却是人工的,它建于20世纪六七十年代。当年,江东水利工程流经村庄,村民们利用这条水渠把江东水引向田野灌溉,在建造水渠时,水渠是一条"空中楼阁"。每隔四五米就有两条石柱撑住地面,就这样延长了数百米。近几十年来，村中的土地不断被征用，作为农业灌溉动脉的水渠渐渐失去了原有的功能。原来蜿蜒绵长的水渠在土地开发中被拦腰截断，与源头失去了连接，现在遗留下来的水渠里面并没有水。

遥想当年建造石渠却是一件非常不容易的事情。水渠的石条只有在开发石材中挑选同样质地、同样规格的石材，才能保证水渠建造的宽度、深度和质量。在建造中，由于水渠悬空，要靠人力把又笨又重的石条抬上石柱的横梁。这样一节一节地往上抬，靠的是人们的耐力、信念、期望，以及一种对生活、对丰收的期待。特别是水渠建好之后，作为引水的一项工程，要确保水不流失。因此，在建造水渠时，石条与石条之间的缝隙要用水泥砂浆填得严严实实，真正做到了水在渠中哗哗响，渠外石条无滴水。

第二节　古厝风华

青礁村还是闽南古民居的一个荟萃之地，行政村所属的院前社，至今保留了39栋红砖古厝，形成了一个古民居群。它与保生大帝祖宫青礁慈济宫相对，可谓古宫和古厝相映成景。院前社规模虽然不大，但尽得灵秀之气、涛声之韵。院前古村文化底蕴深厚，与隔海相望的我国台湾地区及东南亚地区有剪不断的历史渊源，拥有其他村落无可比拟的传奇历史。

追本溯源探社名

院前社的历史特色和丰厚的文化积淀得益于其地理位置。院前社背有青山环绕，地势较高。每逢大水泛滥，相邻的青礁常被水淹，而院前村却安然无恙。院前村位置优越，交通方便，数步之遥便是大海之滨。其陆路"介漳泉之间",这为人们出外创业提供了便捷的交通条件。村民外出创业多往我国台湾地区和东南亚地区,许多村民的后裔就在那里落地生根、枝繁叶茂。

院前社的名字由来有两种说法,一说源自南宋礼部尚书颜师鲁。颜师鲁是青礁村人,是青礁颜氏开基祖颜慥的裔孙。颜师鲁于绍兴十二年（1142年）考取进士,历任县丞、监察御史、礼部尚书等职。颜师鲁虽在朝为官,却系深情于桑梓。宋明道二年（1033年）,漳州、泉州瘟疫流行,民间神医吴夲依托青礁村的东鸣岭,悬壶济世、义诊施药,使遭瘟疫的民众存活无数。民间传说吴夲治愈宋仁宗母后的乳疾,被封为"妙道真人"而扬名四海。吴夲羽化之后,人们缅怀其恩德,自发在青礁龙湫坑吴夲炼丹处建造龙湫庵,供奉祭拜。宋绍兴二十一年（1151年）,颜师鲁奏请其事,宋高宗赐建青礁龙湫庙;乾道二年（1166年）,孝宗赐庙号为"慈济",改名青礁慈济庙。南宋理宗、淳祐辛丑年（1241年）,皇帝下诏改庙为宫,由此称青礁慈济宫。

颜师鲁是宋代有名的理学家,一生严格践行理学操守,深受宋高宗的赏识。他非常重视教育,任国子学祭酒时,他的第一份奏章就建议宋孝宗加强理学教育,用理学教化群臣和百姓,以扭转社会风气。颜师鲁心怀儒家"由亲及远、兼济天下"的理想,他建议朝廷推行教育,先从自己的家乡做起。颜师鲁在慈济庙附近兴建书院,青礁慈济宫的文庙据说就是颜师鲁的祖上颜慥兴建书院的旧址。颜师鲁曾在先祖的旧址上再兴书院。院前社的地理位置就在书院之前。古人以南为前,以北为后,分析其地理位置可知,院前社在颜师鲁书院之南,即书院之前故得名"院前"。

院前社的得名还有其他说法。有的说,院前社前曾有一座云乔院。有人说云乔院是书院,有人说云乔院是尼姑庵。历史上,院前社曾出现过"三院",但现在院前社并无名带"院"字的庵堂。云乔院和三院已无迹可考。也有人质疑,院前社的三院都是庵堂而非书院。根据闽南民间习惯,供奉神灵的庙宇称"庵"而不称"院",

况且"庵"与"院"在闽南话中有较大差别。所以,院前社的得名与颜师鲁书院之间的关系更加密切。

文风雅韵古厝情

院前社得名于颜慥、颜师鲁的书院,其古建筑也展示了古村的昌盛文风。考察其历史遗存,重视教育的文化特征十分鲜明,传承了特有的书院之风。

村外靠近马青路一侧的古建筑,大多年代较早。据现居住者介绍,有的古厝建于明末清初,这些古厝的山花大都以琴、剑、书卷、画轴为装饰图案。村中有一"两落双护"的古厝。据说,其建于清朝中期,这一建筑身上有与书院教育相关的各种装饰。庭院墙面上编录古代名篇,房檐下则彩绘多幅童子读书图。尤其可贵的是,水车堵上展示了一系列西洋风情,有西式楼房、西洋钟等。特别值得一提的是,村中大夫第水车堵上的火烟轮(蒸汽轮船)装饰尤为独特。看了这些绘画,不难理解,院前社不仅重视传统教育,也重视吸纳外来文化,很早就"中学为体,西学为用"。

坚守传统而不排外,这与院前社先民闯荡海洋、游走海上丝绸之路创业的经历分不开。最能反映这一经历的古建筑,要推院前社的大夫第和颜江守兴建的六落"三连院"大厝。

位于院前社内的颜氏古厝,修建于光绪年间,由六座房子组成(包括两条护厝),也称六落古厝。站在古厝的庭院前,可以看到三落古厝成"一"字形排列,故称"三连院"。古厝的建造者是本村清代印尼华侨颜江守。出于对祖地的怀念及落叶归根的心愿,同时也为荫庇子孙后代,颜江守出资兴建了六落古厝。由于三院毗连,规模宏大,气势非凡,再加上建造精良,这座六落古厝在海沧众多的古厝中可谓独具特色,其结构规整、美轮美奂。无论从建造工艺看还是从华丽程度看,古厝都可称为厦门现存古建筑中的经典之作。

就古厝的整体建造格局与精美的装潢而言，古厝主人在修建上颇费心思。虽然经过百年自然变化的摧残，古厝许多地方都已破损，但总体格局仍然保持完好，从房梁屋脊的雕刻和门前的浮雕画上依然可以看出古厝当时的大气与精美。

古厝的庭院宽敞明亮，村中的长者介绍，颜江守注重教育，因此兴建大庭院，使其同时发挥书院功能。颜家的子孙后辈在此学习和嬉戏，居住场所和学习的地方融为一体。颜江守长年奔波海外，见多识广，他秉承院前人热爱桑梓、笃重教育的传统，其建筑也体现了厚重的文化内涵。六落大厝，每一落门前的浮雕都有独特的含义，富含古典寓意。其中一幅浮雕的创意来自周敦颐的著作《爱莲说》，工匠手艺精湛，巧夺天工。清新高洁的莲花跃然眼前，旁边附言："出淤泥而不染，濯清涟而不妖，中通外直，不蔓不枝，香远益清，亭亭净植，可远观而不可亵玩焉！"主人的志向不言而喻。另一幅浮雕上刻有菊花，旁边题字"漫道秋容淡，黄花晚节香"。黄花是指菊花，语出宋朝韩琦的诗《九日小阁》："莫嫌老圃秋容淡，且看黄花晚节香。"秋天是万物萧条的季节，菊花却在此时傲然盛开，用于赞誉晚节道德情操高尚。其他浮雕分别以素雅的梅花、高雅的牡丹、娇艳的桃花为主题，各具风情，浮雕旁的题字都采自名家。这些浮雕华美又不失古朴，既装饰了古厝，为其增添了文化气息，又起到教化的作用，陶冶了居住者的情操。

窗楣上分别题有代表不同寓意的谕语，如带有吉祥如意之意的"延禧""集福""凝禧"，对仗工整的"凤舞""龙翔"等。除传统纹饰外，颜江守还使用西洋花卉纹饰和生活用具纹饰，记录外洋见闻，作为陪衬。他也继承了先辈坚持传统而不拒吸纳外洋的思维。

颜江守不仅注重教育，也重视传播经商之道。作为早期在外创业的侨胞，其具备开创探险精神并深谋远虑为家族的发展注入鲜活的血液。颜江守在古厝门前的浮雕上运用钱币、商行、车船等纹饰，其古厝装饰中西文化兼容，不仅将传统文化的精髓体现得淋漓精致，更可贵的是，它不拘泥传统，不墨守成规，还能西为中用，使两者相得益彰。屋檐横梁前的浮雕,使用了浓郁的色彩,用宝蓝、鲜黄提亮。有趣的是,浮雕的左右两侧挂着当时西洋的舶来品——时钟,将传统与现代结合得天衣无缝。村中的长者自豪地说:"这座古厝将文化雕刻在了墙上。"有学者认为,颜氏古厝是"古典与现代的结合,东方风情与西方浪漫的最佳融合,大气与精致并存,是晚清建筑与传统文化的集大成者"。

时空难割海洋情

院前社的颜氏先辈漂洋过海外出创业,代不乏人,其中颜江守家族最具有代表性。

颜江守在印度尼西亚经商时,不断带回财富,为家乡的发展做出了巨大贡献。令人叹为观止的六落古厝是他为家乡留下的丰厚文化遗产,具有很高的研究价值。据有关史料记载,1916年3月,颜江守同印度尼西亚华侨郭秋春、黄仲涵等共同募款创办印尼三宝垄华英中学,教学英汉并重,成为第二次世界大战前中爪哇主要的华侨学校,为弘扬中华文化做出了巨大贡献。

颜江守的裔孙颜伯龙介绍说,颜江守兴建大厝后仍在海外创业。到了晚年,他拥有雄厚的资产,尽管在印尼的事业蒸蒸日上,但考虑到海沧与我国台湾仅一水之隔,今后依托祖地在台湾地区开辟生意,必有作为。因此,他在台湾购置了大量房产。他总认为树高百丈不忘根,由于生意繁忙,儿子在海外成家,他对此事耿耿于怀。为了不忘本,他嘱咐后人要回祖地寻根。孙子颜少川带着两个儿子回祖地寻根,其中之一即颜伯龙之父。回来不久,中华人民共和国成立,颜少川不忘祖训,直到终老仍不时提起颜江守的遗训"要记住唐山,不要忘本",体现了一代华侨崇高的爱国情怀。现在,颜江守的子孙遍布在闽南、我国台湾地区和东南亚等地。

远至大洋彼岸,近至东南亚及隔海相望的我国台湾,颜江守这样的爱国华侨难以胜数。他们远离故土，但思乡之情、爱国之心却不因为时空的阻隔而丝毫减弱。他们或修建古宅，或兴办学堂，或捐建庙宇，尽己所能为祖国效力。院前的这些古厝不仅是他们给祖地留下的丰厚遗产，更是他们的子孙后辈寻根溯源的依据。

值得欣慰的是，院前古厝的价值已经引起了有关方面足够的重视，古厝保护的情况有了很大改善。有的古厝被开辟为国学讲堂，有的成为参观点，整个村落则成了海峡两岸追根溯源、共同缔造的新家园。

链　接

大夫第与中宪第的故事

院前社现在是海沧知名的古村，现在遗存的古民居群中大夫第和中宪第，在村中一直流传着传奇故事。相传清朝晚期，位于海边的院前社经常受到一些海盗和西方侵略者的骚扰，朝廷派军队驻扎沿海设有关卡，不准村民下海。

有一回，村民颜珍伟兄弟在田间收割水稻，突然发现有清兵在村前海边阻止一艘外来的兵舰停靠，但舰艇上的洋兵气势汹汹，清兵与他们打了一仗，将其击退。这时天色已晚，颜家兄弟看到士兵们打仗辛苦，就把刚收割的粮食送给将官。将官留下他们的名字，带兵回到营房。后来才知道，这些清兵是闽浙总督颜伯焘的下属，他们回去之后向颜伯焘禀报：民间痛恨洋人骚扰，自动送来粮食，并禀告兄弟二人的名字。颜伯焘与院前社有宗亲之谊，得知此事，奖赏了兄弟两人，并准许他们通行海上关卡。因此，颜珍伟兄弟借此方便，来往南洋经商，富甲一方后，各建了一栋华宅。他们的儿子后来走上了科举之路，一个被朝廷封为中宪大夫，一个被封为奉政大夫。从此,他们的宅第一座被称为"大夫第",一座被称为"中宪第",一直保留至今。

　　大夫第建于清朝同治年间,已有140多年的历史。其建造者就是在海外经商的院前社村民颜珍伟。颜珍伟有财富而无社会地位,因此他让自己的儿子走上科举之路,被敕封为大夫,所以这座宅第就称为"大夫第"。与其他古民居不同的是,大夫第的建筑装饰上透露了许多海洋文化信息。有一条由立体彩塑装饰的水车堵,从上面可以看到各种各样的船。其中最特殊的是,它还装饰了一艘蒸汽轮船,这艘蒸汽轮船上的舱口很多,足见它吨位不小。当时,蒸汽轮船刚诞生不久,但院前人建房时就已把它作为自己建筑的装饰了,可见院前先贤对海洋文化认识的敏锐。

延　伸

芦塘古厝天下奇

历史悠悠

　　相距青礁社几千米外的芦塘自然村,陈姓和颜姓等姓氏杂居。在这个古村中,仍然有一些古民居,最有特色的是明代红砖楼和棣萼楼。明代红砖楼的历史可以追溯得很远,它虽然在外观上显得朴素无华,但其复古的格调却不得不让人刮目相看。它除了是二层式的房中楼之外,在屋顶上的左右两边还各有三道红砖筒瓦,加之以幽深的巷道,进入其间立刻让人感到古韵悠悠。

至于棣萼楼的历史,可以上溯至清代。鸦片战争后,陈氏主人陈再安到安南西贡(今越南的胡志明市)经营大米生意,奋斗多年,生意越做越大。1895年,陈再安的兄弟陈再佳在青礁村芦塘建了三落大厝和东西护厝。陈再安在大厝东侧又建了一座2000平方米的大楼,起名为棣萼楼。楼名颇有深意,典出《诗经》"常棣之华,萼不韡韡。凡今之人,莫如兄弟。"诗以开花繁盛紧密的棠棣比喻对兄弟的思念。棣萼指的就是兄弟之情,因此唐代诗圣杜甫《至后》诗中亦云:"梅花一开不自觉,棣萼一别永相望。"可见,陈家兄弟对这栋楼命名的用心。当地民间称棣萼楼为"八卦楼"。光绪二十三年(1897年),陈再安的三儿子陈炳煌考中举人,因此也有人把这里称为"举人楼"。

据了解,陈炳煌和帝师陈宝琛同为闽籍官宦,两人交谊颇深。建楼之初,陈宝琛专门为之挥毫题写了大门对联"兄弟睦家之肥,子孙贤族乃大",墨迹至今犹存。棣萼楼内至今仍存有许多楹联,这些楹联基本上都深含兄弟和睦、子孙贤孝哲理的佳句。前庭联云:"必孝友乃可传家,兄弟式好无他,即外侮何由而入;惟诗书常能裕后,子孙见闻止此,虽中材不致为非。"中庭的联首冠以棣萼之名:"棣棣诗颂威仪,持已将贵其啸啸;萼萼礼称言论,居家宜济以怡怡。"这些楹联今天读来仍然让人深有所思。

鲜为人知的是,棣萼楼是闽南民居建筑中的佼佼者,许多特别之处为其独有。建楼所用的主要材料为工字铁,楼板基本上以此为梁。梁与梁之间用砖石造成无数的小拱桥,以此形成楼面。用这种方式建楼闽南罕见,建筑专家称这种方式在全国也是罕见。工字铁在历史的考验中显示出了它的弊病。那些见到阳光,经受风雨的工字铁,百年之后锈蚀腐朽,有些则膨胀裂开。据陈家后人说,当年用工字铁做横梁价格是杉木的百倍,但现在却恰恰应了闽南人对建筑用材的一句古话:"铁寿百年,木寿千年。"其意思是,在建筑物上用铁件看起来似乎很牢固,但它却经不起百年的考验;而用木料做构件却有很好的耐久性,千年仍在。棣萼楼的窗户也是以铁条做栏杆，据说这样可以得到较好的采光效果，清代的窗户都是用石条为栏杆，采光效果较差。这些铁条栏杆在百年之后显得异常任性，原来穿进榫洞的一头锈后膨胀，居然把石条撑裂。倒是这栋楼采用的本土红砖、红瓦和琉璃至今颜色不变，鲜美如初。

当然，在棣萼楼内一些舶来的材料至今仍留下了光彩，楼内有一道屏风，采用的是法国彩色玻璃。据说，当年这种小小的玻璃每块要花二两的白银漂洋过海去买，然后再配以中国巧匠制作的图案框架，让人眼前一亮。而且单单这一道屏风就施工了两年，在传统上屏风是不透光的，而棣萼楼内的屏风不仅透光而且五光十色。

陈炳煌乳名星熠，又名陈东恒，1923年病故，曾任大清交通银行行长，广九铁路局局长。陈家人说，陈炳煌的祖父过世较早，祖母林氏含辛茹苦将孩子带大，光绪皇帝体恤她的贞洁，赐封一品诰命夫人。棣萼楼建成之后，陈炳煌特请祖母住在楼内，想让她好好享受一下清闲的生活，但传说老夫人年轻时有过一段辛苦的经历，她不愿意只享清福，经常还跑到下人的工房去帮助他们做事。现在保留的与这位一品夫人有关的模糊的生活印记不是建筑的奢华，而是农耕社会妇女的美德。

精湛独特的建筑工艺

芦塘棣萼楼的整体形制与一般闽南大厝大相径庭，也有异于通常所说的番仔楼，倒有点像客家土楼。二层高的砖木结构楼房呈"口"字型布局，中央是一片颇为开阔的场地，地面均以花岗岩石条整齐地铺砌而成。从外面看，方方正正，浑然一体。正门外的墙壁上清楚地记录了这栋楼当时的造价：历时三载，用工76.6万人次，耗资36.98万银圆。一楼正门上刻着"簪花、晋爵"4个字。据介绍，将整块题字的砖烧制后镶到墙面装饰屏上,这样的工艺当时非常少见。墙面上的装饰图形大多为金钱形,也有万字形和寿字形,显示了主人的殷实家境和对吉祥人生的寄望。

民居风韵

经过前厅走到院子里,抬头看见天花板上彩绘的火珠里墨书一龙形"福"字,四角各绘饰一只头向火珠的蝙蝠("蝠"寓意"福")。天长日久,天花板顶颜色已渐暗淡。房主说,昔日前厅中央的四扇大门都是关着的,来宾贺寿时只能从旁边的小门进入。

走入方正的院落,可看清楼房的全貌。房子呈四合院布局,分为上下两层,天井四边共使用16根承重石柱。上下两层共有大小厅、房66间,每间厅房都有花岗岩石库门,门上刻着不同的房名。更特别的是,一般古民居是两厢一厅,这里却是三厢一厅。

大楼设有前廊和内环廊,廊沿用工字钢承重。前廊上装有百叶窗，用以遮挡风沙和太阳。内环廊的廊沿上设有雕花铁质钩栏，在当时，这就是很豪华的装饰。

正厅供奉祖先牌位，大厅前，有一排双层月洞落地罩。灰黑色的罩木上雕镂着精美的花草和龙纹。据了解，落地罩用的是进口红木，这样的双罩装饰在闽南民居中并不多见。大厅后部建有花岗岩双旋梯，从这里上楼，不仅隐蔽，还极富艺术性和实用性。四合院正中的天井空间宽敞明亮。每逢农事季节或有德高望重的老人过生日，就在这里临时搭建戏台唱戏。当初，楼房布局时已考虑看戏的需要，戏曲活动不仅是闲暇的娱乐，也承担庆典、交际、融洽乡里关系的任务。铺地的长条形石板上至今留有当年用来搭建戏台的小凿孔，让人不禁想象当年锣鼓喧天、宾朋盈座的热闹景象。

由于在中华人民共和国成立之初，楼大人少，当年解放军战士驻扎在楼内，留下了一些标语。"文化大革命"期间，生产队以此楼做开会场所，墙面上写满"文化大革命"期间的标语口号。当年，建楼时十分注重防盗设施，楼层上下都配了双层防盗门，门边还开了枪眼，但如今这些设施早已荡然无存。二楼曾有一幅墨地金画，用金片拼贴图案，令人叹为观止，但这些东西后来也被盗走了。

青礁大社的奉政大夫第

除了院前社之外，青礁大社和其他村落也有一些古民居。最值得一提的是大社267号的奉政大夫第。这座中宪第位于青礁大社崇恩堂边的古街上，整座宅邸气势恢宏，门庭建造十分考究。尤其是除了木雕、石雕的精美之外，这个门庭还用上了飞天的木雕，别具一格。

据了解，该宅建于清代晚期，前落正立面地栿、身堵等处石雕花卉、人物十分精美，而门楼、前后落梁、雀替、垂花等处的木雕狮子、花卉都相当精致。同时，水车堵内的彩绘房屋、山水、人物也画得栩栩如生，屋脊花卉、龙等剪粘都有很高的艺术价值，堪称海沧古建筑中的珍品。

奉政大夫是什么样的官呢？在清代，奉政大夫属于文职散官，五品官衔，但其职务高低要看他的实际职司。也就是说，如果身任要职，其职位可以远远高于五品。当年，267号的颜氏估计其官职是高于五品的，否则不能建造出如此豪华的住宅。

奉政大夫这个散官是皇帝专门用来笼络重臣的，让他们养尊处优，以此显示恩宠和政治待遇。

在清代，凡正五品官员，概授奉政大夫。由于诰封奉政大夫的条件是正五品官，其实际职务应该属于州一级。但可惜的是，迄今为止，未找到当年青礁村这位奉政大夫的生平介绍和详细情况，不过这所宅邸却是富有厚重人文的载体。

家塾遗址

青礁村的书院和古街

青礁村自古崇尚耕读风气，大宗小宗都创办书院和私塾。从现存的一块"植兰书院"的石匾，可见其深蕴文化意涵。这块石匾从体积和雕刻的精湛程度可推测出该书院的大气。同时，从它遒劲的笔力中可以知道题写者绝非平凡之辈。这座书院据说是明清之际在青礁村内作为家塾来让子弟课读。由于族中人丁兴旺且好文成风，许多小宗另辟家塾。现在，村中颜荣华先生旧宅尚留有一处家塾遗址，可见当年文风之盛。

青礁村内还有一条明清古街，从崇恩堂向白礁的方向延伸。这条古街留下了一种特殊的历史风韵和风貌。古街上的店铺都建成店窗形式，小小的窗口用木板做活动门，白天开启，夜晚关闭，留下了典型的古代小街经营的特色。

古街店窗

古井清泉

青礁村第三次全国文物普查不可移动文物

崇恩堂（颜氏家庙）

崇恩堂又名后松颜氏家庙或奉先祠，坐东北朝西南，分前殿、天井、后殿，带左右回廊。前殿面阔3间，进深1间，假叠顶双燕尾脊。后殿面阔3间，进深3间，单条燕尾脊。前后殿原为抬梁穿斗式构架，今均改为抬梁式构架，悬山顶。该庙现存古建筑为前殿，它的正立面开三门，墙体用花岗岩条石砌筑，大门两侧有精致的石雕装饰，其中有方形的螭龙纹透雕石窗，窗上有牡丹、双凤等浮雕。两边侧门两侧则刻螭龙纹、如意纹、云纹等浅浮雕等。庙内廊道墙上有明至民国时期的石碑5通，其中有明代、清乾隆、嘉庆的记事碑或重修碑记。此庙主祀颜氏开漳州始祖颜朴庵，他是宋代漳州路教授。

颜氏家庙——崇恩堂

颜金发宅（奉政大夫第）

该建筑由门楼、内院、前落、天井、后落、左护厝、右外护厝组成。门楼为抬梁式，单条燕尾脊。前落假叠顶双燕尾脊、马鞍形山墙、硬山顶。它的墙体下部为泉州白花岗岩条石砌筑，面阔3间，进深2间。中间为大厅，两侧为寝房。后落为单条燕尾脊、马鞍形山墙、硬山顶，面阔3间、进深2间，中间为主厅，两侧为寝房。左右护厝不对称，均为平脊，马鞍形山墙、硬山顶。左护厝面阔7间，进深1间，右护厝面阔3间，进深1间。

该宅建于清代晚期，前落正立面地栿、身堵等处石雕花卉、人物十分精美，而门楼、前后落梁、雀替、垂花等处的木雕狮子、花卉都相当精致。同时，水车堵内的彩绘房屋、山水、人物也画得栩栩如生，屋脊花卉、龙等剪粘都有很高的艺术价值，是厦门古建筑中的珍品。

颜金发宅

万应庙

万应庙位于海沧区青礁村后松社。庙规模小,为前亭后殿式,主体建筑仅一间,单条燕尾脊,硬山顶。庙门紧接一平面为四方形的门亭,歇山顶、平脊、山字形山墙。此庙始建于元代,历代有维修,今庙墙体、门廊、石柱及柱础均属清代原物,主体建筑也有清代风格,其余为20世纪90年代重修之物,此庙供奉玄坛元帅。庙旁可见花岗岩旗杆石两块。亭外柱上刻对联"宝炬辉煌长昭北阙,威天赫濯永镇焦江"。

万应庙

芦塘举人第（棣萼楼）

芦塘举人第原名棣萼楼，后因房主越南华侨富商儿子陈炳煌考中举人，改称"举人第"。这是一座两面坡屋顶似方形土楼的四合院式砖木、石结构的两层建筑。它坐西北朝东南，平面呈"回"字形，中间为天井，总进深36.7米，宽25米。屋顶两面坡平脊，四角屋脊起翘。

该楼历时三年方建成，用工达76.6万个，耗资36.98万银圆。它的装饰华丽，艺术价值高。其中，前楼上下层大门两侧廊道的正面墙上有蓝色彩绘"卍"字纹；两次间、梢间的墙体则用拼石砌出十分精美的钱纹（铜钱）、雷纹、略亚字等几何纹；水车堵、门窗上精心绘制彩色山水、人物画卷；屏门、梁、柱、雀替等处饰精美木雕；大门两侧廊柱等均刻制精致的对联。此外，窗额、门扇上都有墨书文字和对联，内容大多反映传统忠孝等道德伦理和渴望科举功名等。

芦塘举人第——棣萼楼

门窗上镶有精美的西洋彩色玻璃。这是一座集闽南、中国台湾型传统建筑、土楼和洋楼建筑三位一体的经典建筑，具有相当高艺术和建筑方面的价值。

举人第有上下两层，内有与围绕天井相通的上下两屋内环廊道，上下层与花岗岩条石构筑的石梯相通。廊道用石柱支起，上架为从德国进口的工字钢，楼内共有大小房间60个。其中四面正中均为厅堂，两侧为寝房。门楼、后楼均面阔7间，进深2间。

七星坠井

三川井和四川井，始建于宋代，青礁人俗称"七星坠地井"。三川井内壁直径1.15米，井口外壁直径1.4米，深8.5米。

四川井在元明清时期曾维修。这是用花岗岩条石砌筑的一口方井，长 1.98 米，宽 1.64 米，因井口花岗岩条石盖板有 4 个取水孔而得名"四川井"。该井花岗岩条石板制作规整，只在侧沿钻凿半圆孔，因孔径较小，条石板铺放有 7~15 厘米的间隙，从而使四孔相对变大成椭圆状，其中一孔长径 0.35 米，短径 0.29 米，今井口距水面高约 0.43 米。此井在《海澄县志》有记载，今仍为村民所用。

三川井

四川井

陈再安宅

陈再安宅与举人第均为清朝末年所建。前者是翻建当时的祖厝而成，后者为新建。16号坐西北朝东南，有围墙及小门楼、庭院、前中后三进。其间有天井，天井右侧有护厝等；18号结构与16号相同，有左护厝，后界与16号连成一体，构成统一的后寝。16号与18号之间隔一巷道，宽3.85米，间设花岗岩条石构筑的石隘门。

第一进为假叠顶双燕尾脊、第二进为单条燕尾脊，均为硬山顶。面阔3间，进深均为2间，中间为厅，左右两侧各有2间厢房。第三进即为后界，为叠顶、平背、马鞍山墙的硬山顶，它的厢房、过水廊均平背，两面坡屋顶。

陈再安宅

芦塘郑氏官宅

芦塘郑氏官宅位于海沧青礁村,相传原为姓郑的人家中进士后所建。它由左右两组布局、形制一致的闽南台湾型传统建筑构成。房屋坐西北朝东南。左组建筑(即30号)保存较完整,由前、中、后三进主体建筑,中夹两个天井及左右厢房、左侧护厝组成。第一进、第二进主体建筑均为单条燕尾脊、硬山顶,面阔3间,进深2间。第三进为平脊两面坡、硬山顶的二层建筑,上下层均面阔3间,进深一间。此外,天井两侧厢房为平脊,左侧的护厝为马鞍形山墙、平脊,两组建筑中间有一窄巷,后建有石隘门。

总体看,整座建筑简朴,没有什么装饰,它的石柱及三合土墙体布局为明代,而它的屋顶和30号大门两侧的墙体则为清代重修时所留,因此它的年代可定为明清时期。官宅左组庭前广场上有一个

芦塘郑氏官宅

花岗岩板岩构筑井口的水井,再往前为一口半圆形的池塘,应为当时建房所挖。

该建筑的后进外墙均为三合土夯筑而成,十分坚硬。上部墙厚0.36米,而其他建筑的外墙均为花岗岩条石砌筑,上部为填盖或砌清的红砖。内墙均用土夯筑而成,同时它的后进大厅的门均为双层防盗门(即在门后增加花岗岩条石构筑成的加强门)。

颜江守宅

该宅建于清光绪二十八年(1902年)。它坐西北朝东南,分围墙、庭前广场、建筑等部分。其中,左、中、右三组建筑连成一体,其间为巷道,前后均开有门,中间有平脊的过水廊相连,左右两侧则各有一列护厝建筑。该宅总面阔54米、进深23.1米。每组建筑均分前后两进,中为天井,天井两侧为厢房。第一进均为假叠顶双

颜江守宅

燕尾脊。第二进为单条燕尾脊。两进均面阔3间，进深2间。梁均架于墙上，硬山顶。左右护厝相互对称，均平脊，马鞍形山墙。该宅建筑装饰精美，艺术价值高。墙体下部用泉州白的花岗岩条石砌筑。第一进大门两侧墙体有精美的石雕、灰塑图案装饰。其中，窗额上的人物、花草与文字图轴雕刻尤为精美。大门墙体上部有六边体、六棱体和"福（如）东海，寿（比）南山"文字 或"卐"字纹间花草的彩绘十分华丽。水车堵上的山水、建筑、花草等灰塑、彩画立体性强，精美绝伦。屋脊上有龙、麒麟、鹿、羊、凤凰、花草等剪粘。此外，梁架、坐斗、雀替、吊筒、格扇等都有十分精美的木雕。此宅为颜民淳的大儿子颜江所建。

崇泽堂（院前颜氏家庙）

崇泽堂位于海沧青礁村院前社村西的岐山西南坡上。它坐西南

院前颜氏家庙——崇泽堂

朝东北。崇泽堂原为前后两进的闽南台湾型传统建筑，建于清代。后殿早年倒塌，现为新建，古建筑仅存前殿。前殿为假叠顶双假叠顶双燕尾脊，抬梁式构架，悬山顶，面阔3间、进深2间。它的梁架、坐斗等有狮子、螭龙纹等木雕，门前有门廊。它的正立面墙体为花岗岩条石砌筑。大门两侧狮子及半边镂空透雕方形石窗，在20世纪90年代已被盗。

颜民淳宅

颜民淳宅建于清光绪十八年（1892年），坐西南朝东北，分围墙、中部铺花岗岩条石左右铺红砖的庭前广场、建筑三部分。其中，建筑由中间前后两进主体建筑和左右两侧各一列护厝构成。第一进均假叠顶双假叠顶双燕尾脊。第二进为单条燕尾脊。两进均面阔3间，进深2间。中间为天井，左右两侧为厢房。两侧护厝均面阔7间，进深1间。

颜民淳宅

梁均架于墙上，硬山顶。左右护厝相互对称，均平脊，马鞍形山墙。该宅建筑装饰多样，艺术价值高。第一进正立面墙体下部为泉州白花岗条石砌筑，上部有六角形、菱形拼砖结合图案。水车堵上有彩画和层次错落的村庄景象灰塑，大门两侧有山水、牡丹花鸟和题字的彩画，屋脊上有龙、麒麟、鹿、花草等剪粘。此外，梁架、坐斗、格扇等都有十分精美的木雕。此宅为颜民淳在新加坡做生意发达后所建。

兴建保安宫碑记

原碑当立在清代保安宫（早年已毁）内，现立在海沧青礁村芦塘社官宅 30 号庭前广场新建的保安宫旁，此宫供奉广泽尊王。此碑为花岗石质，倭角长方体，高 105 厘米、宽 58 厘米、厚 9 厘米。碑文刻于清光绪二十七年（1901 年），记录了清代兴建保安宫时，当地信众捐银的情况。

颜恺墓

墓葬位于海沧镇青礁行政村过田自然村东约 300 米的纱帽山南坡上，墓坐西北朝东南。现墓茔略呈椭圆形，长径 11.8 米，占地面积约 180 平方米。坟平面为太师椅状，北部中央为长方体的封土堆，长 2.9 米，宽 2.33 米，高 0.9 米。封土堆前端有明万历年间立墓碑。碑花岗岩，上端倭角，长方体，宽 0.8 米，高 1.4 米，上刻楷书"颜氏始祖之墓"，明万历年间立。碑两侧有护石。现存墓葬自宋以来多有维修，其中在明代和 1999 年均重修过。墓主颜朴庵，名恺，宋代漳州路教授，是青礁村颜氏开基始祖。

颜兰畹及其夫人墓

该墓葬位于青礁芦塘村的西侧,大体坐东朝西。墓茔平面略呈太师椅状,表面可见部分用水泥构筑,南北长29.1米、东西宽14.4米,占地面积约330平方米。墓围略呈半圆形,东西宽12.4米、南北长13.5米。墓上有一清乾隆庚寅年刻的墓道碑被立封土堆前,碑花岗岩质,高1.33米,宽0.74米,厚0.17米。封土堆四周用砖和水泥围护,长3.18米,宽2.5米,高约1米。

颜兰畹及其夫人墓

青礁慈济宫

青礁慈济宫又称东宫,在海沧区青礁村,始建于南宋,现存主体为清代建筑,占地面积3060平方米。现有建筑分前、中、后三殿,面积1305平方米,自东向西逐渐增高。此宫原为前后两进建筑,均抬梁式构架,天井两侧为廊庑。其中,前殿重檐歇山顶,加叠顶双燕尾脊,抬梁式构架,坐北朝南。它由檐廊、门厅和钟鼓楼组成,面阔5间,宽20米,进深3间,宽7.8米,顶层楼阁通连两侧钟鼓。宫内保存大量工艺精湛的石雕、木雕、彩绘艺术珍品,如石雕有12根云龙石柱,蝙蝠花瓶形石柱,青龙、白虎,以及双龙戏珠、将相和、水漫金山等故事。木雕大多为精雕细刻的花鸟禽兽,主要有牡丹、石榴、莲花和象、鹿、虎、狮、麒麟、狻猊等。宫内有清康熙三十六年(1697年)"吧国缘主碑记"、嘉庆十九年(1814年)"重修慈济祖宫碑记"、咸丰四年(1854年)"重修青礁慈济祖宫碑"、光绪二十二年(1896年)"重修慈济祖宫碑记"。后山保存着吴夲本当年行医时使用的药臼、丹井和丹灶。后殿重建于1989年,内供佛道诸神。2000年,在宫的左右两侧按历史原状修复魁星楼和武圣楼。此宫奉祀保生大帝吴夲。吴夲(979—1036年),字华基,福建同安人,北宋名医,医德高尚,医术高超,死后被闽台及东南亚民间尊为医神和保护神,俗称"吴真人""保生大帝"。此宫现为全国重点文物保护单位。

青礁慈济宫

崎山寨址

崎山寨位于海沧镇青礁村海拔 188 米的崎山顶部。石砌寨墙环绕山顶一周,平面大体呈长舌形,长 67.8 米,宽 46.5 米,占地面积约 3152.7 平方米。寨墙墙体利用天然岩壁叠砌不规则石块并加垫泥土而成。北寨墙略有倒塌,但均可看出寨墙的走向,北寨墙长度超过 70 米,宽 2.1 米,残高 0~2.78 米。东南寨墙呈圆弧状。西南寨墙长约 45 米,宽 1.3~2.36 米,残高 1.1~1.68 米。其中,北侧一段墙体的剖面为曲折状,墙体总宽 2.36 米,内侧墙体宽 1.46 米,外侧墙宽 0.9 米,外侧墙体高出内侧墙体 0.3 米。它的西北角还见一方形寨门,均用当地花岗岩石块砌筑,顶盖大石板,门基本保持完整,宽 1.2 米,高至少在 1.9 米以上(底有落石未能测到底),厚 2.2 米。寨门窄小,明显突出了它的防御作用。寨内西北部有花岗石块垒砌的石墙一堵,西北东南走向,残长 3 米,厚 0.9 米,残高 0.25 米,很

崎山寨址

可能是寨内的房屋墙基。在寨的东南部,有一平面呈"凸"字形的明代三合土墓。据慈济宫碑记载,宋景祐年间,当地贼寇猖獗,"居民鱼惊鸟窜,朝暮不相保,率请命于侯。"因而初步判定它建造的时代当为宋代。

崎山寨址明墓

在崎山顶部的东南坡,有一座三合土构筑的古墓,墓葬平面呈倒"凸"字形,南北长5.3米,东西宽约6.02米。其中,坟堆宽1.8米,进深1.7米。它的封土堆及墓茔护围均用三合土夯筑而成,坟后及封土堆新近被挖一坑,此墓被盗。

崎山寨址明墓

岐山宫

岐山宫位于海沧区青礁村院前。此宫坐西南朝东北。它由前后两进组成,均平脊,山字形山墙,悬山顶,抬梁式构架。第一进前有门廊,两进均面阔3间2柱,进深1间2柱。岐山宫内供奉辅胜将军。此宫装饰比较简单,主要有花卉木雕等。

王艺全宅

王艺全宅位于海沧区青礁村院前社。它坐西北朝东南,由前、中、后三进及左右护厝组成。第一进为假叠顶双燕尾脊,第二进为单条燕尾脊。第一进和第二进均面阔3间,进深2间。左右护厝为平脊,

王艺全宅

马鞍形山墙,面阔 7 间,进深 1 间。第三进即后界,面阔 7 间,进深 1 间。此宅装饰十分精美,既有精美的狮子、螭龙、花鸟等木雕,又有花卉剪粘。此外,大门两侧有螭龙纹灰塑及书卷彩绘。水车堵有精美的航海图、山水画。

颜珍伟宅及颜氏小宗

颜珍伟宅及颜氏小宗位于海沧区海沧街道青礁村院前社,坐西北朝东南,它由左中右三组建筑构成。左组建筑为私塾,中间为住宅,右组为家庙。左组建筑由前后两进和后花园组成。第一进、第二进均面阔 3 间,进深 2 间。后花园有平脊、山字形山墙的方形亭子一座。此组建筑装饰华丽,主要有木雕狮子、大象、花鸟、鳌鱼和人

颜珍伟宅及颜氏小宗

物故事等。水车堵上有剪粘、彩绘、灰塑等手法制作的山水村落图画。门额上方有卷轴、册页书画装饰，屋脊有精美的花卉剪粘。中组建筑由前后两进主体建筑和左护厝及后花园组成。第一进为假叠顶双燕尾脊，第二进为单条燕尾脊，第三进后界及左护厝均为平脊，马鞍形山墙。第一进、第二进面阔3间，进深2间，第三进即后界，面阔11间，进深1间，左护厝面阔6间，进深1间。它的装饰十分精美，主要为木雕狮子、螭龙纹、蝙蝠、花卉等。屋脊有精美的花卉剪粘，山墙有灰塑剪粘手法制作的螭龙纹图案。水车堵上有灰塑彩绘等手法制作的村落图等。右组建筑即颜氏小宗，由前后两进主体建筑和右护厝构成。第一进为假叠顶双燕尾脊，阔3间，进深1间。第二进为单条燕尾脊，面阔3间2柱，进深2间3柱。前后两进均为悬山顶。右护厝平脊，马鞍形山墙，硬山顶，面阔8间，进深1间。它的装饰十分华丽，木雕主要有狮子、大象、花卉等。石雕主要有花卉、螭龙纹镂空石窗、盆景艺术等。水车堵有剪粘、彩绘、灰塑等手法绘制的山水画。屋脊有精美的花卉剪粘。这三组建筑前有花岗岩条石铺筑的庭院，庭院围墙外为长方形池塘一口。池塘长47米，宽4米。此宅为清咸丰年间所建，颜珍伟在越南经营大米和糖料生意，曾任越南的官吏。

颜荷峦宅

颜荷峦宅位于海沧区海沧街道青礁村院前社，坐东朝西，由前后两进主体建筑和右护厝组成。第一进和第二进均为单条燕尾脊，叠压在平脊、马鞍形山墙的屋顶上。两进均面阔3间，进深2间。右护厝平脊，马鞍形山墙，面阔6间，进深1间。此宅装饰较为精美，主要有螭龙、花卉、"花开富贵""五福临门"等木雕和柜台脚石雕。

颜荷峦宅

第三节　本草保生

青礁慈济宫之所以成为保生慈济文化的圣地，是因为它位于青礁村的灵秀之地。宋代杨志在撰写《慈济宫碑记》时就讲道："介漳泉之间有沃壤焉，名曰青礁地势砥平，襟群峦而带溟渤，储精毓秀，笃生异人……"短短的几句话精辟地指出了青礁的地势和它深得日月精华、山川之秀的特征，所以自古以来这里植被丰茂，特别是中草药品类繁多，因此保生大帝吴真人选定了青礁村的东鸣岭作为他的悬壶济世之地。现在，东鸣岭及青礁村仍然处处可见中草药，而青礁慈济宫开辟出的百草园则是青礁百草的荟萃之地。

百草园位于青礁慈济宫的西侧，占地4000多平方米，种植了木本、草本、藤本、荫生、水生等300多个品种的各类药用植物。有些种植于地上，有些则使用盆栽。盆栽的总数3000多盆。今天，青礁慈济宫的百草园，不仅是一个中草药公园，还是一个集草药种植、中医文化科普、教育示范于一体的基地，吸引了越来越多的中草药爱好者。现将一部分常用的中草药的药性、疗效选录如下。

米仔兰

米仔兰

米仔兰是闽南常见的植物。茎多小枝，幼枝顶部被星状锈色的鳞片。花芳香，直径约2毫米；雄花的花梗纤细，长1.5~3毫米，两性花的花梗稍短而粗；花萼5裂，裂片圆形；花瓣5个，黄色，呈长圆形或近圆形，长1.5~2毫米，顶端圆而截平；雄蕊管略短于花瓣，倒卵形或近钟形，产广东、广西；常生于低海拔山地的树林或灌木林中。米仔兰在福建、四川、贵州和云南等省常有栽培，分布于东南亚各国。中国北方也有盆栽。在山东地区，只要冬季移于温室或室内保温地方，温度不低于5℃，少浇水，就能安全过冬。

米仔兰的化学成分包括木脂素类、二酰胺类、黄酮类及四环三萜类等。

米仔兰枝叶味辛，性温，能活血散瘀，消肿止痛，用于治疗跌打损伤，骨折，痈疮等。米仔兰花味甘、辛，性平，能行气解郁，用于治疗气郁胸闷，食滞腹胀。

龙牙草

龙牙草为蔷薇科，属多年生草本植物，又名仙鹤草、狼牙草、金顶龙芽、山昆菜等。根茎粗，茎高30~120厘米；茎、叶柄、叶轴、花序轴都有开展长柔毛和短柔毛。叶为不整齐的单数羽状复叶，茎上部为3片小叶，中间杂有很小的小叶；小叶片椭圆状倒卵形、菱状倒卵形及倒披针形，长2.5~6厘米，宽1~3厘米，

龙牙草

边缘锯齿粗大，下面脉上或脉间疏生柔毛，并有金黄色腺点。龙牙草常生于林内、山坡、路旁，南北各省均有分布。

龙芽草具有止血、健胃、滑肠、止痢、杀虫的功效。它主治脱力劳乏，妇女月经不调，红崩白带，胃寒腹痛，赤白痢疾，吐血，咯血，肠风，尿血，子宫出血，十二指肠出血等症。从全草提取的仙鹤草素为止血药。

茅 香

茅香是禾本科茅香属的一种芳香性植物，分布于欧亚大陆北部与北美洲。茅香可以作为药草及制酒的原料（茅香伏特加），植株具有特殊的香味，这种香味来自香豆素；多年生，根茎细长。秆高50~60厘米，具3~4节，上部长裸露。叶鞘无毛或毛极少，长于节间；叶舌透明膜质，长2~5毫米，先端啮蚀状；叶片披针形，质较厚，上面被微毛，长5厘米，宽7毫米，基生者可长

茅香

达 40 厘米。圆锥花序长约 10 厘米；小穗淡黄褐色，有光泽，长约 5 毫米；颖膜质，具 1~3 脉，等长或第一颖稍短；雄花外稃稍短于颖，顶具微小尖头，背部向上渐被微毛，边缘具纤毛；孕花外稃锐尖，长约 3.5 毫米，上部被短毛。花果期 6~9 月。

茅香具有凉血、止血、清热利尿的功效。用于吐血、尿血，以及急、慢性肾炎浮肿，热淋。

辽东楤木

辽东楤木

辽东楤木主要分布在我国辽宁、吉林、黑龙江、河北东部，长白山、小兴安岭较多。朝鲜、日本、俄罗斯西伯利亚地区也有分布。

辽东楤木多年生落叶小乔木或灌木。高 1.5~6 米。树皮灰色，密生坚刺，老时渐脱落，仅留刺基；小枝淡黄色，有针状刺。叶互生，有柄；二至三回单数羽状复叶，连叶柄长可达 1 米，叶柄、叶轴和小叶轴通常有刺，最终小叶 5~10 对，基部外侧另有单生小叶 1 片，卵形或椭圆卵形，长 5~15 厘米，宽 2.5~8 厘米，先端渐尖，基部圆形或微心形，边缘有疏锯齿，上面绿色，下面带灰绿色。辽东楤木秋季开黄白色花，伞形花序聚生为顶生伞房状圆锥花序，浆果状核果，球形，熟时黑色，具 5 棱。

辽东楤木清热利湿，主治湿热泄泻、痢疾、水肿。

非洲天门冬

非洲天门冬是一种木本或草本植物，生长于热带或气候温和地区。非洲天门冬有350个品种，大多数是藤本植物或蔓生植物。这种植物的茎一般是多刺的，并且它们有许多成对的卷须。叶子形状从长而窄到椭圆形不等。非洲天门冬植物有白色或绿黄色的花朵，长成小小的有高茎的串。非洲天门冬开花之后会结出小小的浆果，可能是红色、蓝色、蓝黑色或黑色。其根通常是厚而肉质的。

非洲天门冬

马 兰

马兰别名鱼鳅串、泥鳅串等，为菊科多年生宿根性草本植物，植株矮小，丛生。分布于亚洲东部及南部。具有极高药用和膳食价值。

马兰以全草或根入药。味辛，性微寒。它主治归肝、肾、胃、大肠经。败毒抗癌、凉血散瘀、清热利湿、消肿止痛、消食、消积。马兰用于感冒发烧、咳嗽、急性咽炎、扁桃体炎、流行性腮腺炎、传染性肝炎、胃和十二指肠溃疡、小儿疳积、肠炎、痢疾、吐血、崩漏、月经不调；外用治疮疖肿痛、乳腺炎、外伤出血；痢疾或湿热腹泻；咽喉肿痛、痈肿疮疡；血热衄血、便血；湿热黄疸；水肿、小便不利；饮食积滞、脘腹胀满。

马兰

铁包金

铁包金

植物铁包金为鼠李科藤状或矮灌木,高达21米;小枝圆柱状,黄绿色,被密短柔毛。叶纸质,矩圆形或椭圆形,长5~20毫米,宽4~12毫米,顶端圆形或钝,具小尖头,基部圆形,上面绿色,下面浅绿色,两面无毛,侧脉每边4~5毫米,稀6条;叶柄短,长不超过2毫米,被短柔毛;托叶披针形,稍长于叶柄,宿存。花白色,长4~5毫米,无毛,花梗长2.5~4毫米,无毛,通常数个至10余个密集成顶生聚伞总状花序,或有时1~5个簇生于花序下部叶腋,近无总花梗;花芽卵圆形,长过于宽,顶端钝;萼片条形或狭披针状条形,顶端尖,萼筒短,盘状;花瓣匙形,顶端钝。核果圆柱形,顶端钝,长5~6毫米,直径约3毫米,成熟时黑色或紫黑色,基部有宿存的花盘和萼筒;果梗长4.5~5毫米,被短柔毛。

铁包金具有消肿解毒、止血镇痛、祛风除湿的功效;主治痈疽疔毒、咳嗽咯血、消化道出血、跌打损伤、烫伤、风湿骨痛、风火牙痛。

黑面神

黑面神属灌木或小齐木,高1~3米;茎皮灰褐色;枝条上部常呈扁压状,紫红色;小枝绿色;全株均无毛。叶片革质、卵形、阔卵形或菱状卵形,长3~7厘米,宽1.8~3.5厘米,两端钝或急尖,上面深绿色,下面粉绿色,干后变黑色,具有小斑点;侧脉每边3~5条;

叶柄长3~4毫米；托叶三角状披针形，长约2毫米。花小，单生或2~4朵簇生于叶腋内，雌花位于小枝上部，雄花则位于小枝的下部，有时生于不同的小枝上；雄花花梗长2~3毫米；花萼陀螺状，长约2毫米，厚，顶端6齿裂；雄蕊3毫米，合生呈柱状；雌花

黑面神

花梗长约2毫米；花萼钟状，6浅裂，直径约4毫米，萼片近相等，顶端近截形，中间有突尖，结果时约增大1倍，上部辐射张开呈盘状；子房卵状，花柱3毫米，顶端2裂，裂片外弯。蒴果圆球状，直径6~7毫米，有宿存的花萼。花期4~9月，果期5~12月。

木豆

木豆

木豆为多年生木本植物，又名鸽豆、柳豆、豆蓉、树豆、树黄豆。直立灌木，1~3米。多分枝，小枝有明显纵棱，被灰色短柔毛。叶具羽状3小叶；托叶小，卵状披针形，长2~3毫米；叶柄长1.5~5厘米，上面具浅沟，下面具细纵棱，略被短柔毛；小叶纸质，披针形至椭圆形，长5~10厘米，宽1.5~3厘米，先端渐尖或急尖，常有细凸尖，上面被极短的灰白色短柔毛。这种植物原产于印度，是印度、东非和加勒比地区的重要经济作物。

木豆主治肝肾水肿、血淋、痔疮下血、痈疽初起。

倒地铃

倒地铃

倒地铃为一年生或二年生缠绕性藤本,茎质为柔,疏被毛,叶互生,具长柄,二回三出复叶,小叶卵形披针形,长4~7厘米,先端锐尖,不整齐粗锯齿缘,花腋生,数朵成聚伞花序,两性花,花瓣白色,4枚,2枚较大,雄蕊8枚。雄花与两性花相似,雌蕊退化。

倒地铃具有清热、利尿、凉血、去瘀、解毒之效,主治肺炎、黄疸、糖尿病、淋病、疔疮、风湿、跌打损伤、蛇咬伤等。

木麻黄

木麻黄属木麻黄科,木麻黄属,常绿乔木。强阳性,喜炎热气候,耐干旱、贫瘠,抗盐渍,也耐潮湿,不耐寒。原产澳大利亚、太平洋诸岛,中国引种有80多年历史。广东、广西、福建、我国台湾地区及南海诸岛均有栽培。

本种生长迅速,萌芽力强,对立地条件要求不高。由于它的根系深广,木麻黄具有耐干旱、抗风沙和耐盐碱的特性,因此成为热带海岸防风固沙的优良先锋树种。其木材坚硬,但在南方易受虫蛀,且有变形、开裂等缺点。经防腐防虫处理后,木麻黄可作枕木、船底板及建筑用材。其本种又为优良薪炭材,树皮含单宁11%~18%,为栲胶原料和医药上收敛剂;枝叶药用,治疝气、阿米巴痢疾及慢性支气管炎;幼嫩枝叶可为牲畜饲料;树皮、叶(驳骨松)能够祛风除湿、发汗、利尿。

白粉藤

白粉藤为葡萄科白粉藤属植物，分布于广东、广西、贵州、云南等地。白粉藤的根或藤茎具有化痰散结、消肿解毒、祛风活络之功效。它常用于颈淋巴结结核、扭伤骨折、腰肌劳损、风湿骨痛、坐骨神经痛、疮疡肿毒、毒蛇咬伤、小儿湿疹。

威灵仙

威灵仙为铁线莲属，在中国分布较广。其根及茎入药具有祛风湿、通经络、消骨梗之功效。在现代临床实践中，其新的用途不断被发现，如治疗胆结石、跟骨骨刺、足跟痛、食管癌等。但在用药中，需要注意的是，气血亏虚的人及孕妇慎服。

茅 莓

茅莓为蔷薇科植物，落叶小灌木，多以药用名薅田藨出现，以根或茎、叶入药。秋季挖根，夏秋采茎叶，鲜用或切段晒干。茅莓的花期是5~6月，果期是7~8月。其分布于黑龙江、吉林、辽宁、河北、山西、陕西、甘肃、山东、江苏、安徽、浙江、江西、福建、台湾、河南、湖北、湖南、广东、广西、四川、贵州等地。茅莓生于海拔400~2600米的山坡杂木林下、向阳山谷、路旁或荒野。

茅莓果实酸甜多汁，可供食用、酿酒及制醋等；根和叶含单宁，可提取其栲胶。全株入药，有止痛、活血、祛风湿及解毒之效。

三白草

三白草的根茎呈圆柱形,稍弯曲、有分枝、长短不等。其表面呈灰褐色,粗糙,有节及纵皱纹。节上有须根,呈环节状,节间长约 2 厘米。其质硬而脆,易折断。断面类白色,粉性。三白草的茎呈圆柱形,有纵沟 4 条,一条较宽广。断面黄色,纤维性,中空。单叶互生,叶片卵形或卵状披针形,长 4~15 厘米,宽 2~10 厘米。先端渐尖,基部心形,全缘,基出脉 5 条。叶柄较长,有纵皱纹。总状花序于枝顶与叶对生,花小、棕褐色。蒴果近球形,气微、味淡。

三白草具有清热解毒、利尿消肿的功效。其常用于内治小便不利、淋沥涩痛、白带、尿路感染、肾炎水肿;外治疮疡肿毒、湿疹。

虎耳草

虎耳草又名石荷叶、金线吊芙蓉、老虎耳等。鞭匐枝细长,密被卷曲长腺毛,具鳞片状叶。虎耳草产于河北、陕西、甘肃东南部、江苏、安徽、浙江等地。全草入药,味微苦、辛,性寒,有小毒;具有祛风清热、凉血解毒的功效。

半枝莲

半枝莲生于水田边、溪边或湿润草地上,海拔 2000 米以下。半枝莲喜温暖气候和湿润、半阴的环境。它对土壤要求不高,栽培以土层深厚、疏松、肥沃、排水良好的沙质壤土或腐殖质壤土为佳。土壤黏重和低洼易积水的地块不宜种植。其常野生于丘陵和平坦地区的田边或溪沟旁。半枝莲在过于干燥的地区生长不良。

半枝莲具有清热解毒、活血化瘀、消肿止痛、抗癌之功效；主治阑尾炎、肝炎、胃痛、早期肝癌、肺癌、子宫颈癌、乳腺炎等；外用治痈疖疔、跌打肿痛等症。此药民间用量较大。

韩信草

韩信草又名耳挖草、金茶匙、牙刷草。叶对生，其叶卵状椭圆至线状披针形，花着生于叶腋，粉紫色。韩信草在我国分布较广，华南、华东、中国台湾地区分布较多。

韩信草主治跌打肿痛、外伤出血、产后四肢麻木、毒蛇咬伤。煎服15~30克，捣敷外用。

六月雪

六月雪属茜草科，常绿小灌木，高可达90厘米，有臭气。叶革质，柄短。花单生或数朵丛生于小枝顶部或腋生，花冠淡红色或白色，花柱长突出，花期5~7月。其根、茎、叶均可入药。其味淡、微辛，性凉。舒肝解郁，清热利湿，消肿拔毒，止咳化痰。六月雪用于急性肝炎、风湿腰腿痛、痈肿恶疮、蛇咬伤、脾虚泄泻、小儿疳积、带下病、目翳、肠痈、狂犬病。

假烟叶树

假烟叶树又称野烟叶、茄树、土烟叶，可以用来做药。小枝、叶、叶柄、花序梗、花萼、花冠及子房均密被星状毛。假烟叶树主要分布于福建、中国台湾、广东、海南、香港特别行政区、广西、云南、贵州、四川及西藏等地区。它有解毒消肿、除风止痛的功效，但使用太多会中毒。

一枝黄花

一枝黄花属多型性的种,叶形与花序式有极大变化。茎直立,通常细弱,单生或少数簇生,不分枝或中部以上有分枝。中部茎叶椭圆形、长椭圆形、卵形或宽披针形。叶两面、沿脉及叶缘有短柔毛或下面无毛。头状花序较小,长6~8毫米,宽6~9毫米。多数在茎上部排列成紧密或疏松的长6~25厘米的总状花序或伞房圆锥花序,少有排列成复头状花序的。舌状花舌片椭圆形,长6毫米。瘦果长3毫米,无毛,极少有在顶端被稀疏柔毛的。它的花果期是4~11月,生于海拔565~2850米的山坡、阔叶林缘、林下、路旁及草丛之中。一枝黄花原产于我国华东、中南及西南等地。喜凉爽湿润的气候,耐寒,宜栽种于肥沃疏松富含腐殖质、排水良好的砂质土壤中。其可采用种子、分株等方法繁殖。全草入药,味辛、苦,性微温,能祛风清热、解毒清肿等。

假马鞭

假马鞭为多年生草本,高30~120厘米。茎呈四方形,小枝细长、铺散,棱上及节上被硬毛。其叶坚,呈倒卵形至长圆状披针形。先端锐尖,基部下延,长2~6厘米,宽1.5~4毫米,不规则羽状分裂或具粗齿,通常被灰白色硬毛,背面脉上尤甚。侧脉6~10对,干时背面带白色,网脉略可见。生于下部的具短柄,上部的无柄。穗状花序顶生或生于上部的叶腋内,纤弱,常不分枝。花小无柄,最初较密集,果时疏离;苞片渐尖,比萼略短,被硬毛;萼长不及2毫米,被硬毛,具5脉,脉间白色膜质,顶端具5个极小齿;花冠蓝紫色,长4~8毫米,花冠管弯,长5~6毫米,外面被微毛,裂片5,近相等,小;雄蕊4,内藏;子房无毛;花柱无毛,长约1毫米,柱头短。果长圆形,长约2毫米;裂成4个小核,长圆形,截面三角形,平坦,腹面被粉末状鳞片。

假马鞭广布于云南全省各地，我国黄河以南各省均产之，广布于全球温带至热带地区。

假马鞭可全草入药，为发汗药，有凉血散瘀、清热消毒、利尿消肿的功效。茎叶并用于通经，内服可以促进分娩及产后胎盘脱离，清除产后排泄物久滞及月经困难，并有消胀除虫之效。根可用于红白痢疾、慢性疟疾、水肿等症，并有下泻作用。

粪箕笃

粪箕笃是防己科千金藤属的植物，分布于台湾、广西、福建、广东、海南、云南等地，生长于海拔1500米的地区，多生长于灌丛或林缘，目前尚未由人工引种栽培。

粪箕笃具有清热解毒、利湿通便、消疮肿的功效，主治热病发狂、黄疸、胃肠炎、痢疾、便秘、尿血、疮痈肿毒。

葫芦茶

葫芦茶为豆科植物葫芦茶的地上部分，分布于福建、江西、广东、海南、广西、贵州及云南等地。其具有清热解毒、利湿退黄、消积杀虫之功效，并常用于中暑烦渴、感冒发热、咽喉肿痛、肺病咳血、肾炎、小儿疳积、黄疸、泄泻、痢疾、风湿关节痛、钩虫病、疥疮。

蒲公英

蒲公英为菊科，别名黄花地丁、婆婆丁、华花郎等。蒲公英属多年生草本植物。根圆锥状，表面棕褐色，皱缩。叶边缘有时具波状齿或羽状深裂，基部渐狭成叶柄，叶柄及主脉常带红紫色，花葶上部紫红色，密被蛛丝状白色长柔毛。头状花序，总苞钟状，瘦果暗褐色，长冠毛白色，花果期 4~10 月。蒲公英的种子上有白色冠毛结成的绒球，花开后随风飘到新的地方孕育新生命。它广泛生于中、低海拔地区的山坡草地、路边、田野和河滩。

蒲公英具有清热解毒、利尿散结的功效。主治急性乳腺炎、淋巴腺炎、瘰疬、疔毒疮肿、急性结膜炎、感冒发热、急性扁桃体炎、急性支气管炎、胃炎、肝炎、胆囊炎、尿路感染。

犁头尖

犁头尖的块茎近球形、头状或椭圆形，直径 1~2 厘米，褐色，具环节，节间有黄色根迹。颈部生长 1~4 厘米的黄白色纤维状须根，散生疣凸状芽眼。犁头尖生于地边、田头、草坡、石隙中。

犁头尖具有散瘀、止血、消肿、解毒的功效。主治跌打损伤、外伤出血、乳痈、疔疮、瘰疬、疥癣。

毒根斑鸠菊

毒根斑鸠菊为攀缓灌木或藤本。枝圆柱形，具条纹，被锈色或灰褐色密绒毛。叶具短柄，厚纸质，卵状长圆形、长圆状椭圆形或长圆状披针形。头状花序较多数，花淡红或淡红紫色。瘦果近圆柱形。它常见于疏林下或山坡灌丛中。

毒根斑鸠菊具有祛风解表、舒筋活络、截疟的功效。用于风湿关节痛、腰腿痛、跌打损伤、疟疾。外用治结膜炎。

单叶蔓荆

单叶蔓荆属马鞭草科灌木。匍匐茎，节上生根，以此适应海滩沙地生活条件。单叶蔓荆广布于沿海岸边，可作为海滨防沙造林树种。花后结果，可入药，称蔓荆子，治风热头痛、目赤肿痛等症。

蘡薁

蘡薁属落叶藤本。枝条细长，树皮不具皮孔，通常被毛。分布于福建、四川等地。根供药用，具有祛湿、利小便、解毒的功效。主治淋病、痢疾、痹痛、疝症、哕逆、瘰疬、乳痈、湿疹、臁疮。

现在，青礁村有些村民的家里仍保留了种植青草药的古风，常见的品种有桑叶、射干、风葱、金银花、鸡舌黄、四川草等。这些青草药对治疗常见的伤风感冒等病症有一定的疗效，但也需要在有经验的老一辈的指导下饮用。❶

青礁慈济东宫珍藏了一份特殊的文化遗产，那就是保生大帝的药签，这些药签根据民俗通过掷筊由保生大帝指示选择处方。尽管有人认为这并不与当代科学切合，但这些药签中的分门别类却十分科学，有内科、外科、小儿科等，在处方的配置上也力求少而精。❷

---

❶ 百草园实际种植的青草药品种不止以上这些。享受国务院特殊津贴的青草药专家黄锄荒老先生，多次到百草园对青草药的资源进行梳理，对栽培技术进行指导，本书记录的百草园青草药只是作为一种文化记录，不做临床指导，如要使用，一定要请职业医生指导。

❷ 平时这些药签的全部内容珍藏在深宫中，只有信众虔诚祈求之后才能获得一两首，但调查组在编写"风土海沧系列丛书"时，得到了宫庙的特别支持，有幸得到这部药签并把它们全部收录进来作为文化存证。需特别注明的是，此处收录药签仅作为文化存证，对于其药用方面的科学性，有待考证。

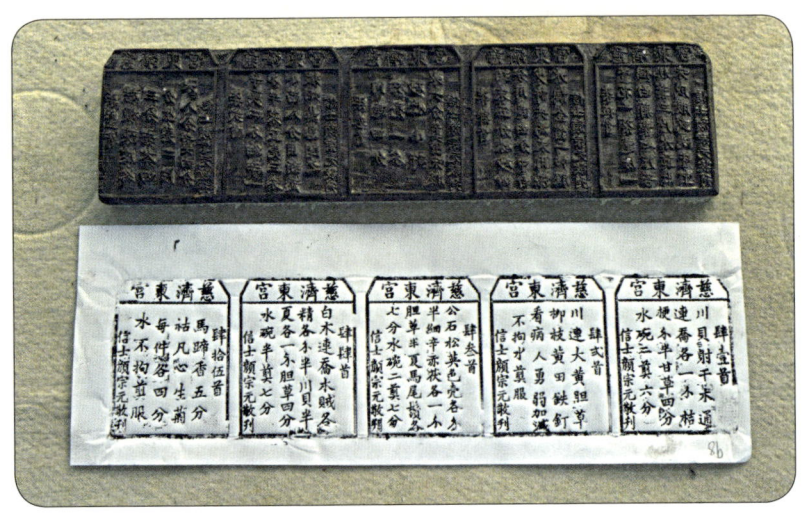

东宫药签版

青礁慈济祖宫药签

内 科

第一首
灶心土 凤凰退各一钱
凤葱一枝 灯芯七条
水一碗煎五分

第二首
白术 土茯 淮山各一钱
白甘 菊花四分
水碗二煎四分

第三首
莲子一钱半 淮山 土茯苓
金英 各一钱
水一碗煎四分

第四首
马尾须 白曲各一钱
金英 淮膝各五分
水一碗煎四分

第五首
木通一钱　灸草一钱
淮膝一钱
水一碗煎四分

第六首
煅鳖甲一钱　公石松一钱
凤凰退一钱
水八分煎三分

第七首
油归　白眉　淮山
灸草　菌藤各一钱
水碗二煎六分

第八首
蝉蜕　神曲　淮山
金英　枳壳各一钱
水碗二煎六分

第九首
竹茹五分　麦芽四分
蝉蜕三分　麦文冬一钱
水一碗煎五分

第十首
连乔　土茯　归中
白术　枳壳　各一钱
木通五分
水碗四煎七分

第十一首
淮山　牛膝　木通　金英各一钱
菌藤四分　干葛五分
水碗四煎七分

第十二首
白菊　白芷莲子各四分
淮山一钱　目草二分
水七分煎三分

第十三首
淡竹　金英朴硝各一钱
支子　射干备五分
白芷　六陈丸各四分
水一碗半煎四分

第十四首
山甲皂尖　射干各五分
鳖甲一钱　麦文一钱
水一碗煎四分

第十五首
白术　淮山　牛膝　木通各一钱
归中五分
水碗二煎五分

第十六首
绿豆壳　淮膝　知母各一钱
酒军五分
水碗二煎七分

第十七首
白术　白菊　淮山各一钱
甘菊五分　柴胡四分
水一碗煎五分
渣八分煎四分

第十八首
公石松五分　鳖甲一钱
麦芽三分　柿蒂七个
水一碗煎四分

第十九首
凤凰退四分　益母草
枳壳　金英各一钱
水一碗煎四分

第二十首
酒军　淮山　牛膝　归中各一钱
水一碗煎四分

第二十一首
凤凰退　油虫沙各四分
小金橘三个　冬瓜三条
水一碗煎四分

第二十二首
六味三分　蝉蜕二分　柿蒂三个
水一碗煎五分

第二十三首
木通　木贼　枳壳　支子各一钱
槟榔五分　灯芯七条
水一碗煎五分

第二十四首
常山一钱　槟榔五分
乌豆七粒　腐豆三粒
水八分煎四分

第二十五首
青仁乌豆四粒　黑羌一钱
茵藤　淮山各一钱
水一碗煎五分

第二十六首
枳壳　白术各一钱
桔梗　凤凰退　各五分
甘草四分
水一碗煎五分

第二十七首
茯苓　千葛　竹茹　川芎
归全　淮膝各一钱
水一碗煎四分

第二十八首
神曲一钱　六味四分
甘草五分
水一碗煎四分

第二十九首
木通　甘菊　枳壳　淮山各一钱
甘草四分
水一碗煎四分．

第三十首
归全一钱　谷精五分
鳖甲　白芷　甘草各五分
水一碗煎五分

第三十一首
黄芩　蓝色菊各一钱
白菊　柴胡各一钱
水碗煎五分冲油虫沙
分半黄金散五分

第三十二首
紫苏　茯苓干各一钱
薄荷四分　益母七分
生姜三片　乌糖一角
水一碗煎五分

第三十三首
竹茹　槐花　木贼各一钱
川连　白芷各四分
胆草七分　凤退七个
水一碗煎五分

第三十四首
川连四分　黄柏五分
枳壳一钱
神曲　黄芩各七分
水一碗煎五分

第三十五首
黑枝　甘草各四分
川贝七分　茅心七条
灯芯十二节
水九分煎四分

第三十六首
当归　川贝各一钱
牛膝　赤茯各钱半
川乌一钱
水碗四煎七分

第三十七首
青石松二钱
荆芥　防风各钱半
水一碗煎四分煎好冲
安南香二分服

第三十八首
黑羌一钱　白菖子　乌枣各四分
葫椒　红枣各七粒
水一碗煎五分

第三十九首
杜仲　归中各钱半
莲子　牛膝各钱
水一碗煎四分

第四十首
麦芽　麦文冬各一钱
蝉蜕　柿蒂各七个
淡竹叶一钱
水碗二煎五分

第四十一首
川贝　射干　木通　连乔各一钱
桔梗钱半　甘草四分
水碗二煎六分

第四十二首
川连　大黄　胆草　柳枝
黄田　铁钉
看病人勇弱加减水拘水煎服

第四十三首
公石松　英色壳各钱半
细辛　赤茯各一钱
胆草　半夏　马尾须各七分
水碗二煎七分

第四十四首
白术　莲乔　木贼　谷精各钱半
川贝　半夏各一钱
胆草四分
水碗半煎七分

第四十五首
马蹄香五分
枯凡心　生菊各四分
水不拘煎服

第四十六首
甘草粉　人中白　英色壳各四分
用百沸汤冲服可服二三次愈

第四十七首
马蹄香二分　白茯苓四分
石松子四分
水不拘煎服

第四十八首
川连四分　甘菊三分
冬瓜七条
水不拘煎服

第四十九首
金橘饼七个　灯芯十一条
粗糠平一钱
水不拘煎服

第五十首
金包银　糯米各一钱
青仁乌豆　白胡椒　各三粒
红枣七粒
水不拘煎服

第五十一首
枳壳　木贼　各四分
槐花　三分
共为末用滚水冲蜜服

第五十二首
生地　一钱　连乔四分
石七分
水一碗煎五分

第五十三首
淡竹　茯苓各三分
麦文四分
煎茶服

第五十四首
木通　乌枣各四分
木贼三分
水不拘煎服

第五十五首
常山　麦文各七分
槟榔一钱　柿蒂三个
水八分煎五分

第五十六首
冬瓜三条　冰糖一两
六味三分
水不拘煎服

第五十七首
柴胡七分　川贝四分
虫沙　枳壳各三分
黄金散三分另包
水不拘冲服

第五十八首
鳖甲三钱　烧灰存性研末
冲气酒服

第五十九首
四神粉三分　松花一分
柿果一个破开入药末
烘一支香久服二三次

第六十首
附子四分　归中　肉桂
洋参各三分　接力肉❶一两
水一碗烘一支香久服

第六十一首
桔梗四分
射干　川连各三分
用水不拘任意煎服

第六十二首
珍珠散一厘
沉香　乳香末　每件各一分
冲滚水服愈

第六十三首
鹿仔草三分　泉神曲七分
炒薏仁四分
水不拘煎服

第六十四首
石松　干连子各三分
马尾须　羌半夏各二分
水不拘煎服

第六十五首
使君子三粒　油虫沙三分
柿蒂三大个
水不拘煎服

第六十六首
正苦桃仔寄生三钱
水碗煎五分服效

第六十七首
不见水猪肺一个
带根尾风葱一支
白胡椒七粒
人肺水炕一支香久

第六十八首
香菇四分　赤茯一钱
山楂八分　生姜一片
水八分煎四分

---

❶ "接力肉"为闽南俗语，意为"里脊肉"。

第六十九首
中白　朱砂各四分
牛黄一九　黄珀一分
共为细末另金蝉三个
煎汤调服

第七十首
洋参　白术角沉各四分
朱珀五分
共为细末和饭汤服

第七十一首
桔梗　陈皮各三分
赤苓四分　生姜三片
水八分煎四分

第七十二首
辛夷二钱　细辛一钱半
菜豆壳三钱　小回八分
用新瓦，煅烟鼻息闻之

第七十三首
川连四分　枳壳一钱
砂仁少许
水六分煎出味服

第七十四首
珀末五分　朱砂四分
川连四分
中白少许共为末用
滚水调金薄一帖服

第七十五首
萱花一朵　连房一个
白菊叶七片　苦桃叶三片
水煎出味或服或洗皆宜

第七十六首
牛乳　米卓半饭碗
调热酒服

第七十七首
白茯一钱　沙参七分
丹皮四分　甘草三片
水七分煎四分

第七十八首
独摇草　芳香各二钱
木贼八分　生姜一钱
半木九分　酒三分
用羊舌一个烘而服之

第七十九首
羊肉半斤　木耳一叶
秋石丹一钱
炒熟食

第八十首
蛇蜕一条　蜈蚣蜕一条
生山甲一两　金蝉蜕五钱
凤凰蜕七粒
用酒炒热周身而慰

第八十一首
金沸一钱
水梨一半或赤梨一个
用水不拘煎茶服

第八十二首
苁蓉四钱　熟地四钱
枸杞四钱　小茴八分
水二碗煎八分

第八十三首
藿香四分　川芎一片
升麻四分　粉草三分
水煎出味作茶服

第八十四首
鹿胎一个　猪肉半斤或十二两
保龄丸一粒　生姜二片
烘熟食便愈

第八十五首
珀末　朱砂　中白
柿霜各五分　共为
末陈皮金蝉为汤送下

第八十六首
虎骨胶三钱　保龄丸一粒
气酒一瓶
浸酒一宿烘而服

第八十七首
杜仲　枸杞　甘菊
粉草各一钱　合为末
另白茯一钱煎汤送下

第八十八首
莲子四两　生姜三钱
小母鸡一只
水酒各半联服

第八十九首
金蝉七个　灯芯十一节
纹银一个
另珠珀散四分调服

第九十首
鲜虾八尾　绿豆粉三钱
生肉三两
捣碎为羹服

第九十一首
薏仁钱半　扁豆一钱
茯苓五分　麦芽八分
水不拘煎作茶服

第九十二首
母鸭一只　熟地五分
当归四钱　炙草三钱
生姜两半　麻油二两
水酒各半炕而服

第九十三首
南橘四粒　沉香一钱
木香八分　木瓜四分
水一碗煎出味服

第九十四首
海藻　昆布各一钱
白芷　天花各一钱
为汤洗用或饮亦宜

第九十五首
陈皮八分　赤芍一钱
山楂五分　木香一片
水八分煎四分服

第九十六首
赤芍一钱　枣肉八分
山楂一钱　史君钱半
水一碗煎五分

第九十七首
绿衣　草薜各一钱
凤尾草一把　冰糖四钱
水一碗三分煎作茶服

第九十八首
虎头骨一钱　川芎八分
赤芍一钱　木贼八分
水一碗煎五分

第九十九首
海参四两　生肉四两
韭菜白一撮
为羹服

第一百首
鸡肝七个　谷精一钱
木贼八分　甘菊五分
水三分酒一分烘熟食

第一百零一首
葛藤一钱　天花八分
薏仁五分
不拘水煎作茶服

第一百零二首
七层塔一把　赤榕皮一钱
生肉一两
水酒各半炕服

第一百零三首
沉香一钱　乌药三分
共为童便半碗冲服

第一百零四首
生石膏一两　知母四钱
元参三钱
粉草粳米　犀角各二钱
水碗八煎九分

第一百零五首
柴胡一钱
酒芩　羌夏各二钱
甘草毛分　羌枣各二钱
水不拘煎服

第一百零六首
连乔八分　刺猬一钱
山甲五分　蒺藜八分
水一碗煎五分

第一百零七首
福员四两　白术三钱
胡桃仁四粒　炙草一钱
水四碗煎碗八

第一百零八首
莱菔三钱　灯芯一把
冰糖四钱
为茶服

第一百零九首
紫苏四分　赤壳粟一把
生姜一片
不拘水煎服

第一百一十首
六一散一钱
另葛根升麻二味
煎汤调散服

第一百一十一首
宋陈五分　生姜一片
苏泊二分
泡滚水服

第一百一十二首
沉香末一钱
大枣一二粒
为汤调服

第一百一十三首
金匮丸　三粒　滚水淡盐
为汤送下

第一百一十四首
前胡　苏子各钱半川朴
枳壳各三分　杏仁一钱
水不拘煎服

第一百一十五首
六一散一钱
青黛碧末　朱砂各三分
灯芯十一节
煎茶调末服

第一百一十六首
黑藕　一钱　黑艾　五分
地骨　钱半　地榆　八分
枇杷叶　六分
水一碗煎五分

第一百一十七首
雄黄　金蝎　薄荷　川乳香
没药　牙皂　各平重
为末吹入鼻孔内

第一百一十八首
鳖甲三钱　烧灰存性
研末冲气酒服

第一百一十九首
中白　地龙各三分
血珀　乙金各三分　川贝二分
川连　青黛　朱砂　甘草各六分
共为末童便泡服

第一百二十首
沉香末　一钱
大枣　一二粒
为汤调幅

外　科

第一首
燕仔土一钱　地龙土五分
和调鸡蛋清抹之

第二首
红骨　青臭　久因藤各五分
嗽血草一钱
盐少许合捶或汁抹之

第三首
木恒仔心　三脚虎草
田薯仔各一钱　冷饭七粒
合捶涂

第四首
枫仔草心　过路蜈蚣
叶下红各一钱
捶冷饭涂之

第五首
啾血草二钱　炉竹根七钱
白肉豆根三条
铁箍散一文
合捶涂或汁抹之

第六首
芙蓉根七条　三黄末一文
搭壁缪截二钱
合捶涂

第七首
一条根一条
马蹄香　桥麦各一钱
研末调茶油抹之

第八首
三仙丹四分三　黄末一分
楠香五分　轻粉五分
和冬蜜或涂或抹

第九首
生石松四分　石螺三粒
蚨鱼一尾
共捶涂

第十首
嵌鳅一尾　旧壁灰一钱
捶涂

第十一首
三黄末　南星末各一钱
搅鸡蛋清涂或抹

第十二首
大黄　南星各一钱
调鸡蛋清涂或抹

第十三首
龙眼干带壳十二粒
盐　红糟　姜母
合捶幼烘烧涂或缚 ❶

第十四首
白蔗头烧灰研末 ❷
搅尿壶反抹或涂

第十五首
鳝鱼血抹之或点

第十六首
杨花心
炒好气酒头 ❸

---

❶ 将以上材料混合在一起捣成细末，烘干后涂在患处或用纱布绑在患处。

❷ 将白甘蔗头烧成灰，加尿壶上结成的尿垢搅拌，涂抹在患处。

第十七首
川莲三分　生大黄五分
乳香　没药各一分
芙蓉花心一把
楠香半盏捶蜜涂或抹

第十八首
火项叶
捶幼用水洗清
漂净将叶粕捶蜜涂

第十九首
麝香　丁香　松香各分半
乳香　没药各五分
蚶壳钱　灰一钱
枫香一分共为末
参桐子四粒舂成膏涂

第二十首
三黄　白芷　天花　南星
乳没　山甲　文蛤　木香
青黛共研末调米醋涂

第二十一首
龙牙草一把　盐一把
煎水洗二次自愈

第二十二首
甘石　豆沙　虎碧　石燕各三分
白玉　珍珠　川连各八分
麝香一分　大片三分
珊瑚五分共为末用水抹

第二十三首
藜芦　牙皂各一分
胆丸　枯杞　水片各二钱
羌蚕　砰砂　雄黄
租石胃各四分
灯芯灰三兀共为末贴患处或吹

第二十四首
片脑五分　麝香七分
朱砂五分　枯丸二分
半胆丸各半　石榴皮四分
净川莲　黄柏各五分
共研细末或吹或抹在患处

---

❶ 将杨花心炒热后，加入酒精度较高的酒，趁热焠一下。

儿 科

第一首
木通三分　元参五分
连乔四分　甘草三分
水八分煎四分

第二首
川贝六分　天花五分
桔梗四分　双白五分
水八分煎四分

第三首
干葛一钱　麦芽八分
蝉蜕七个　薄荷二分
水八分煎四分

第四首
赤茯一钱　麦冬八分
桔梗七分　枳壳五分
灯芯七条
水煎出味冲珠珀散服

第五首
琥珀三分　珍珠一分
牛黄五厘　朱砂一分
共为末用文银凤葱白
煎汤调服

第六首
茯苓五分　淮山四分
连肉八分　内金四分
水八分煎四分

第七首
青皮　橘皮　伏皮各三分
桔梗一分
水二煎一

第八首
琥珀一分　羌蚕二分　蝉蜕一个
朱砂　竹黄　胆星各三分
金薄二张
共为末调蜜水服

第九首
珍珠一分　羌蚕三尾
蝉蜕三个　朱砂二分
元明二分
共为末用薄荷汤送下

第十首
薄荷三分　凤葱白一支
文银一个　水六分煎
三分和凤凰丸一粒服

第十一首
柴胡五分　羌活四分
防风四分　荆芥三分
蝉蜕三个
水六分煎三分

第十二首
金蝎四个　羌蚕三尾
蝉蜕四个　甘草三分
水八分煎四分
和朱砂三分服

第十三首
勾藤一分　防风三分
蝉蜕三个　甘草二分
水六分煎三分和凤凰丸一粒服

第十四首
川贝五分　射干三分
劳里草头五分　甘草三分
水六分煎三分

第十五首
珍珠一分　琥珀三分
竹黄二分　胆星二分
金薄二帖
共为末和灯芯茶服

第十六首
洋参二分　白术四分
茯苓六分　灸草三分
水二同煮三支香久

第十七首
茯神六分　麦冬五分
杏仁四分　前胡四分
川贝四分
水八分煎四分

第十八首
芝麻三分　胆星四分
中白四分　蝉蜕三个
甘草三分
水六分煎三分

第十九首
赤茯苓八分　滑石粉六分
车前子六分　粉甘草六分
水八分煎四分

第二十首
生地八分　山甲五分
皂刺四分　蒺藜四分
土茯七分
水一碗煎五分

第二十一首
大麦二钱　冬瓜七条
灯芯十一条　水煎作
茶冲六一散二分服

第二十二首
六味丸一钱　水莲三分
地榆一分
水六分煎三分

第二十三首
茯苓八分　竹茹一钱
蝉蜕五个　灯芯七条
水六分煎三分

第二十四首
枝子五分　知母四分
羚羊三分　石膏一分
甘草三分
水六分煎三分

第二十五首
淮山四分
神曲　麦芽各三分
凤凰退三个
水六分煎三分

第二十六首
砂仁五分　白蔻四分
伏香三分　柿蒂三个
灶心土一角　灯芯七条
水八分煎四分

第二十七首
丁力子六分　苏子四分
杏仁五分　赤茯八分
水六分煎三分

第二十八首
茯苓一钱　知芩四分
车前五分　木通三分
泽舍三分
水八分煎四分

第二十九首
大黄三分　黄芩三分
黄连三分
水六分煎三分

第三十首
六一散一钱　冬瓜少许
冲滚水服

第三十一首
金锁匙　史君子各八分
水仙子一钱
水八分煎四分

第三十二首
大黄　黄芩各四分
沉香　文蛤各二分
蒙石五分
共为末双白汤送下

第三十三首
赤茯五分　知母六分
柴胡四分　洋参三分
半夏四分　地骨三分
水二石区煎一石区

第三十四首
洋参二分　茯苓五分
白术四分　陈皮三分
炙草三分
水八分煎四分

第三十五首
淡竹　石膏　半夏各三分
麦文四分　炙草二分
粳米一百粒
水八分煎四分

第三十六首
六味丸一钱　元参三分
黑枝四分
水八分煎四分

第三章　侨台情缘

青礁村特殊的地理位置衍生出了特殊的历史文化。由于古村濒海而处，而致族人在历史上"过台湾，下南洋，尽得舟楫之便"。尤其是明代末年，在颜氏子孙中富有正义豪情的颜思齐，不仅在搏击风浪中独显英勇，更带领兄弟们开发祖国宝岛台湾而成就一世英名。尽管历史已过400年，这一脉血亲至今仍深深牵系着海峡两岸。无垠的大海并没有阻碍颜氏族人的浪迹。有些颜氏子弟扬起风帆，走得更远，他们成了东南亚许多国家的华族一员，同样在异域建功立业。不管历经多少代，这些人的子孙们一直记得自己祖地的出处——青礁，并对祖地念念不忘。

第一节　思齐开台

如今，当说起我国台湾地区的历史时，我们往往习惯从郑成功收复台湾说起。然而，当真正追溯我国台湾历史的时候却会发现，台湾历史的演进、发展、繁荣的起点，可以追溯到比郑成功收复台湾更早的时候。有"开台王"之称的颜思齐，在台湾的开发史上，是最值得一提的先贤，而他的故里就在青礁。

史载颜思齐的开台伟绩

颜思齐,字振泉,明神宗万历十七年(1589年)出生于海沧青礁村。颜思齐自幼聪颖、勤奋好学,并练就了一身好武艺,还学会了一手裁缝的好功夫,是月港一带有名的裁缝匠。他性格开朗豁达,有侠义心肠,好打抱不平。万历四十年(1612年),他因打死一名为非作歹的衙役而遭缉捕,遂逃亡日本长崎平户避难,并从事中日海上贸易活动。在日本的日子,他始终仗义疏财,乐于帮助有困难的乡邻,因而深受旅日华人的拥戴。天启元年(1621年),他与郑芝龙(郑成功的父亲)、杨天生、陈衷纪、张弘等28人结为兄弟,思齐为兄长。当时,日本处在德川幕府专制统治下,民不聊生,各地纷纷酝酿着倒幕运动,颜思齐也率众加入其中,定于当年(1621年)农历八月十五日举事,但起义计划在事前泄露,幕府派人缉捕。于是,颜思齐率领参加起义的二三百人分乘13艘船逃离日本,于天启元年(1621年)八月二十三日在我国台湾西南海岸的笨港登陆。他们在这里筑寨屯居、耕猎垦殖,并与当地少数民族和睦相处。

由于笨港溪流域沃野千里,颜思齐深感人手不够,就派人返回闽南故里,也就是如今的漳州及青礁一带,招募了许多贫民到台湾开垦。因此,先后有三批青壮年计3000多人应募到台湾,建了10个寮寨安置垦民,还在10个寮寨中区建筑台楼,设管理公署(后人称该台楼为"开台王府")。因为海湾内有台楼,台楼外有海湾,所以先民们开始将这里称为"台湾",这也是台湾地

台湾思齐阁

台湾北港颜思齐登陆纪念碑

名由来的一种说法。由于当时赴台垦殖路途艰险，在台湾海峡过黑水沟时，经常是"六死三留一回头"。入岛之后，他们筚路蓝缕，生活条件十分艰苦，因此留下民间歌谣："唐山过台湾，心肝结归丸，艰苦来打拼，为得子孙能周全。"正是这一点，生活的光亮才使大家有了留台打拼的生活动力。

颜思齐的开台行为虽为形势所驱，但可谓壮举。从客观上来说，颜思齐组织了历史上第一次大规模的内地民众移台垦殖活动，拉开了开发我国台湾的序幕。在他的组织下，内地民众对台湾进行了各种开发活动。在这些活动中，他们进一步了解台湾、认识台湾，由此掀起了一波又一波的移台垦殖高潮。除此之外，颜思齐开发出来的笨港溪两岸（今嘉义云林一带）广袤的土地，成为内地汉民族继续开发的奠基石和发祥地。他组织的开发活动使笨港成为台湾最早的港口集市，开台王府则是我国台湾最早初具行政建制性质的汉民族社会管理机构。这一开台活动拉开了在台湾大规模传播中华传统文化的序幕，成为今天台湾主流文化（闽南文化）的最早源头。他最早在台湾传播妈祖民俗信仰，今天在嘉义、云林的新港奉天宫和北港朝天宫妈祖的香火，都是颜思齐当年开台带来的。他对台湾的开发为30多年后郑成功驱逐荷夷、收复台湾、继续开发台湾，奠定了稳固的基础。

故里老人叙说"开台王"

在青礁这座古村里,明显能够感受到颜思齐对于族人的影响,甚至已经成为他们的一种发自内心的信仰,颜明远老先生就是其中的一位。

年逾八旬的颜明远老先生说起颜思齐时,神情自豪,言谈间掩不住骄傲。他讲述了颜思齐出青礁、过扶桑、渡琉球,拓垦台湾的艰难历程。

颜思齐生性豪爽、仗义疏财、身材魁梧、精熟武艺,他率众横渡台湾海峡,对台湾进行大规模、有组织的拓垦,被后人尊为"开台王""第一位开拓台湾的先锋"。颜明远老人说,明万历年间,颜思齐因失手打死人而遭官府追捕,无奈逃出青礁,亡命海上,后来到日本的平户,以故业裁缝为生。

颜思齐性情豪爽,在日本期间结识了一批流寓日本、从事海外贸易的闽南人,与晋江船主杨天生、郑成功之父郑芝龙等人结拜为兄弟,被推为首领,开始海上贸易。他因广结豪杰而闻名遐迩,故日本平户当局曾任命他为"甲螺",也就是在日闽南人的带头人。

明天启元年(1621年),颜思齐一行人前往我国台湾。那时候,原居台湾的土蕃以为是外敌侵犯,聚众攻击,情况十分紧张。颜思齐遣人对他们进行安抚,商定疆界、互不侵扰,后来得到土蕃的信任,议定各自的活动范围,开始筑寨垦殖。之后,颜思齐将垦民分成十寨,发给人们银两和耕牛、农具,开始大规模的拓垦活动。他还挑选了一批有航海经验的漳泉人士,以原有的13艘大船利用海上交通之便,开展贸易活动,解决垦荒所需要的资金;同时,他还组织人们海上捕鱼和岛上捕猎,发展海上经济,以解决移民生产和生活的物质需要。

明天启五年(1625年)九月,颜思齐到诸罗山(今嘉义市)捕猎,不幸染伤寒病,一病不起,英年早逝,年仅37岁,后葬于今嘉义县水上乡与中埔乡交界的尖山山巅。

主流媒体追溯颜思齐

2006年6月30日,《厦门日报》以《一段深埋地下的开台王传奇》为题,用大篇幅通栏标题报道了青礁村开漳堂遗址发掘现场和颜思齐的渊源关系,调查组就此全文录出。

主流媒体《厦门日报》的专版

一段深埋地下的开台王传奇 ❶

近日,本报《政协之声》刊登林志杰先生的建言称,颜思齐作为"开台第一人"受到我国台湾人民的敬仰。但是,此事在他的故乡厦门,却不大为人所知,建议应加大对颜思齐的宣传力度,在青礁修建颜思齐纪念建筑,修缮、扩建青礁颜氏祠堂崇恩堂,让我国台湾同胞可以来其故里凭吊纪念。事有凑巧,青礁村读者也在近日向本报独家报料,掩埋多年的青礁村颜氏肇基祖庙遗址已被发掘,这可能有助于进一步揭开"开台王"颜思齐之谜。

开漳堂遗址毗邻颜思齐故里

青礁颜氏肇基祖庙——开漳堂遗址,掩藏在青礁村边一个被废弃的院落里。当这座遗址出现在我们眼前时,霎时间我们的心灵经受了一次强烈的震撼。这样一座气势雄伟的家庙深埋于地下,长久以来鲜为人知。海沧青礁颜氏宗亲联谊会会长颜振来回忆说,他小的时候还见过开漳堂的原貌。1958年,农村兴起大炼钢铁之风,开漳堂被拆掉用来建造炼铁厂。后来,工厂倒闭,院落里长满一人高的蒿草。如今,遗址的发现不仅令颜氏后人感到振奋;更重要的是,遗址所在地就毗邻颜思齐故里。

据说,这一带古称"铁店",历史上是个自然村,颜思齐的家就在这里。村旁就是汪洋大

查询族谱追寻渊源

---

❶ 卢志明,刘春德,孙玉平.一段深埋地下的开台王传奇 [N]. 厦门日报,2006-06-30.

海,当年颜思齐在中国台湾开拓事业,有一定基础后曾经派手下回到青礁村的"铁店",招募族人前往台湾开垦。

在开漳堂遗址,我们发现一块已经残缺不全的书院牌匾。颜振来会长说,匾额上面写的是"植兰书院",匾额已经被砸掉一角,砸掉的就是"植"字。即便如此,仍然可以看出青礁颜氏在颜慥肇基之后,子孙后代文教之风的兴盛状况。开漳堂的一副楹联也证明了此说不虚,"岐山高隐五经儒海上尽宗正学,甲第须同三敏世日边载锡恩光"。此联意指宗五经正学的颜慥隐居于此,大兴文教、广开文风。这些在我们翻阅颜氏族谱时,也得到了印证。据载,仅宋代,青礁颜氏就出了18位进士,盛极一时。

开漳堂旧址挖掘现场

颜思齐资助重修祖祠

海沧青礁村颜氏家庙遗址的发掘,再一次把两岸著名的历史人物——开台王颜思齐拉进人们的视线。青礁颜氏宗亲颜明灿先生说,此次家庙遗址的发掘意义重大,有助于解开颜思齐之谜。开漳堂出土的文物,大部分是明朝万历年间重修家庙时的石刻建筑。石雕做工精美,家庙建筑气势磅礴,此时期还重修了族谱和肇基祖颜慥墓。这是一项巨大的工程,需要大量的人力、物力。万历时期重修家庙、族谱等工作的时间,大体上正是颜思齐海上贸易繁盛的阶段,那时颜思齐在日本以裁缝为业,兼营中日间海上贸易,是当地富户。因此,有学者认为这次重修工作有可能与颜思齐的支持有关。

颜思齐是颜慥第20世孙。他身体魁梧雄健、生性豪爽、讲义气、仗义疏财、精熟武艺、喜欢打抱不平。由于当地土豪横行,明万历四十年(1612年),颜思齐遭宦家欺辱,不堪受辱,怒杀仗势欺人的官家恶仆。为了防止官府追究,他被迫逃亡海上,后来到了日本。颜振来会长说,为了避免家族受到株连,族谱中立下条规,凡是族人有作奸犯科的,一律要从族谱中除名。因此,在族谱中记载青礁颜氏二房这一支,到第19代、第20代,也就是到颜思齐父子以后就中断了,再也找不到关于这一支的任何记载。

连横在《台湾通史》中为台湾历史人物作列传,写到"以思齐为首"时,称颜思齐是海澄县人。据颜振来会长说,厦门周围的颜姓家族基本上都是从青礁衍派出去的。在历史上,海澄属于漳州,但后来由于行政区划的改变,部分地区又划归厦门管辖,其中就包括青礁。因此,可以说,史载中的"海澄人"就是指青礁村颜氏。

民间亲情促对台交流

为深化两岸的文化交流,加深两岸同胞同祖同宗、同根同源的认识与共识,青礁村每年清明节期间都会组织颜氏宗亲参加在我国台湾嘉义水上乡三界埔举办的"闽台颜氏共祭开台王颜思齐活动"。该活动经"辛卯年""壬辰年"到"癸巳年""甲午年""乙未年",至2015年,已经参加五届共祭活动。同时,台湾颜氏宗亲每年4月赴海沧青礁慈济宫祭拜,通过两岸颜氏宗亲有来有往的互动,不仅加深了颜氏宗亲对同根同源的认识,而且在一定程度上促进了两岸经济文化社会的共同发展。

两岸颜氏盼同修族谱

据《台湾颜氏世系考》载:"我颜姓之莅台湾也,当以思齐公为第一人,时在万历年间(1573—1620年)。其发源地为嘉南一带。"有史料记载,我国台湾下营乡颜氏,是青礁颜氏慥公的后裔。在澎湖、嘉义、台南、彰化等地都有颜氏宗亲分布,并建有宗祠。台湾的颜氏族亲与青礁颜氏的联系,从颜思齐时开始派人回来招募人员前往台湾开发,后来一直不断。尤其值得一提的是,嘉庆二十年(1815年),重修颜氏家庙"崇恩堂"时,中国台湾颜氏族亲曾经热情地"捐银二百四十大元",这只是古碑中的一次明确记载。

热心公益和宗族事务的青礁颜氏族亲颜建春先生,正积极倡导重修青礁颜氏族谱和复兴"开漳堂"。重修族谱有一个困难,就是族谱中颜氏二房一支到第19代、第20代颜思齐父亲时中断了,想接起来很难。因此,他们十分希望台湾颜氏族谱中能够有相关的记载。他们也试图通过各种途径和台湾颜氏宗族取得联系。到时候,两岸同修族谱,可称得上是一件盛事。

颜思齐短暂而传奇的一生,在我国台湾发展史上写下了璀璨的篇章。他的开台业绩受到了后人的世代缅怀。海沧青礁慈济宫副理事长黎明先生说,台湾嘉义县新港乡地方人士经过多方考证后,确定新港就是"开台先锋"颜思齐登陆台湾的地方。为表达对这位英雄的敬仰之情,他们耗巨资在新港乡妈祖宫前,兴建了高达五层、金碧辉煌的"思齐阁",作为纪念先贤颜思齐率众来中国台湾拓荒垦殖的历史。据有关人士透露,有关方面准备在海沧青礁慈济宫景区兴建一座"思齐阁",一方面与台湾的"思齐阁"遥相呼应,作为沟通海峡两岸颜氏血缘关系的纽带,促进两岸亲族间颜思齐文化的互动交流;一方面可以弥补内地对颜思齐文化挖掘的不足,丰富颜思齐文化,丰富海沧文化。目前,这一提议已经引起重视,并准备列入青礁慈济宫景区发展规划。

【《台湾通史》列传中的《颜思齐传》】

连横曰:台湾固海上荒岛,我先民入而拓之,以长育子姓,至于今是赖。故自开辟以来,我族我宗之衣食于兹者,不知其几何年。而史文零落,硕德无闻,余甚憾之。间尝陟高山、临深谷,揽怀古迹,凭吊兴亡,徘徊而不能去。又尝过诸罗之野,游三界之埔,田夫故老,往往道颜思齐之事。而墓门已圮,宿草萧焉。乌乎!是岂非手拓台湾之壮士也欤!而今何如哉!故余叙列传,以思齐为首,而郑芝龙附焉。

思齐,福建海澄人,字振泉。雄健,精武艺。遭宦家之辱,愤杀其仆,逃日本为缝工。数年,家渐富,仗义疏财,众信倚之。天启元年夏,华船多至长崎贸易,有船主杨天生亦福建晋江人,桀黠多智,与思齐相友善。当是时,德川幕府秉政,文恬武嬉;思齐谋起事,天生助之。游说李德、洪升、陈衷纪、郑芝龙等二十有六人,皆豪士也。六月望日,会于思齐所,礼告皇天后土,以次为兄弟。芝龙最少,年十八,材略过人,思齐重之。

芝龙南安石井人,少名一官,字飞黄。父绍祖,为泉州太守叶善继吏。芝龙方十岁,常戏投石子,误中太守额。太守擒治之,见其状貌,笑而释焉。

居无何，落魄之日本，娶平户士人女田川氏，生成功。

思齐既谋起事，事泄，幕吏将捕之，各驾船逃。及出海，皇皇无所之。衷纪进曰："吾闻台湾为海上荒岛，势控东南，地肥饶可霸。今当先取其地，然后侵略四方，则扶余之业可成也"。从之。航行八日夜，至台湾。入北港，筑寨以居，镇抚土蕃，分汛所部耕猎。未几而绍祖死。芝龙昆仲多入台，漳泉无业之民亦先后至，凡三千余人。

五年秋九月，思齐率健儿入诸罗山打猎，欢饮大醉，伤寒病数日笃，召芝龙诸人而告曰："不佞与公等共事二载，本期建立功业，扬中国声名。今壮志未遂，中道夭折，公等其继起"。言罢而泣，众亦泣。思齐死，葬于诸罗东南三界埔山，其墓犹存。

广　角

两岸共祭颜思齐

近年来，随着两岸民间交流的日益频繁，青礁颜氏宗亲会与我国台湾颜氏宗亲总会开始有了接触，并在两岸颜氏族谱对接方面取得了初步成果。随着对颜思齐研究的深入开展，在台湾颜氏宗亲的帮助下，早在2009年至2010年，青礁颜氏宗亲会开始派出颜国强、颜建春、颜文清、颜水荣等人赴台湾嘉义水上乡，到先贤颜思齐墓园进行扫墓和祭拜，并与台湾颜氏宗亲总会酝酿举行两岸宗亲共同纪念颜思齐开台伟绩的活动。这些活动包括到颜思齐墓园共祭颜思齐、瞻仰有关颜思齐开台史迹和举办首次颜思齐学术研讨会等内容。关于纪念颜思齐的这些活动，在筹备时期都得到了海峡两岸有关部门与人士的大力支持和协助（其中有厦门海沧区政府及有关部门、我国台湾水上乡的有关部门）。又因颜思齐墓园坐落在中国台湾，因此到墓园祭拜活动还得到了中国台湾军事管理部门的许可，可见两岸对于颜思齐共祭活动的重视与

2016 年清明两岸共祭颜思齐

对于同源文化的重视,两岸共祭颜思齐的活动一直延续至今。青礁颜氏族人对于颜思齐在台足迹的寻访也从未间断,很多时候甚至私人频赴台湾,跋山涉水找寻族迹。

青礁人日本寻访颜思齐

2010 年,青礁颜氏宗亲会 9 人第一次去我国台湾嘉义三界埔颜思齐墓地祭拜,当地人告诉他们一位日本人刚来此祭拜离开。为此,青礁村当时很多人猜测这个日本人可能是颜思齐后代。

一直以来,两岸学者都非常渴望找到颜思齐的后代。2013 年,青礁慈济祖宫管理处陶新庆来电告知青礁宗亲:有一位七八十岁日本老人到青礁慈济祖宫(由厦大学生带来),指定要找的《开台主角——青礁颜思齐》一书作者颜有能,因时间不巧合双方未能联系上,这位日本人留下名片先行回到日本。为寻找颜思齐 1612—1621 年间在日本的踪迹,填补既有史料空白,2014 年,颜有能先生在厦门大学哲学系林观潮教授穿针引线下,独自一人乘坐飞机前往东京找到日本人齐藤孝治。齐藤是中日研究所所长,主要研究中国明代史。据他介绍,他曾去我国台湾颜思齐墓地祭拜,目前准备写一本《颜思齐传》,并送给颜先生一本他写的秘话《郑成功异闻》。

2015年8月,颜有能先生带着家人5人乘坐"海洋神话号"再次前往颜思齐日本居住地——长崎旅行。长崎港与厦门湾类似,都由一座大桥连接两岸。此行短暂,没有找到颜思齐踪迹,只购买了几本长崎史料,但却了解到颜思齐后代可能与郑成功家族有渊源,具体尚需中日学者继续考证。

【颜思齐其人 ❶】

此处据说为李旦在日本长崎墓地

留在台湾的郑芝龙成了荷兰东印度公司的翻译。之所以当上翻译,一方面是因为李旦从中周旋和介绍,一方面也是因为郑芝龙在中国澳门期间,是耶稣会成员,受西班牙语、葡萄牙语等外语熏陶而成就了这番事业。

但不久以后,郑芝龙便加入了以颜思齐(字振泉)为首,大本营在直面台湾海峡的我国台湾中部笨港(现云林市北港镇)的海贼秘密贸易集团。

颜思齐出生于建漳州府内

---

❶ 本章节摘自日本作家齐藤孝治"秘话《郑成功异闻》"父子篇"颜思齐其人",2014年12月颜有能到访东京,由齐藤孝治亲手赠送。这份日文资料带回国内后,由北京朱琳女士(《经济日报》对外编辑部)翻译成中文。

海澄(现厦门市海沧区)。因被家仆侮辱,愤而将仆人殴打致死,由此,他不得已投身了流亡之路。

与郑芝龙建立往来的时候,颜思齐就已经是首领,手下包括杨天生、林福、张宏、李俊臣、陈衷纪等近30人。

颜思齐一众以笨港为基地,与马六甲、吕宋岛、日本等进行秘密贸易往来。

在这期间,他们建立了称之为"十寨"的开拓村,有来自福建的近3000生活窘迫者渡海而来,同他们一起开荒辟地。他们的此番事业,在清朝被高度评价,称"当地的发展与之密不可分"。另外,现在的云林市北港镇车站立有刻着"颜思齐先生开拓台湾登陆纪念碑"的石碑。

然而,1625年9月,颜思齐带领极少数几个手下在附近山上狩猎时,意外地因患感冒而突然逝去。

他的墓地位于我国台湾北岗镇西南嘉义县水上乡一座小山的半山腰,因现在那一带被指定为射击训练场"军事管制区",所以如今无法进入该地域进行确认。

关于颜思齐的墓,有传说称,把荷兰人从台湾驱逐出境的郑成功为了找寻其父亲的遗迹曾来到此地,但因为年岁已久,墓上的碑文已无法辨别,郑成功打算过几日再次造访,离开前在墓石上用刀做了记号。

关于颜思齐之死暂且不论,我的疑问是,郑芝龙是颜思齐手下中最年轻的一个,为什么继承颜思齐的是他?

对此,人们普遍认为是因为"郑芝龙的资质",但我想补充的是郑芝龙与颜思齐之女"关系不一般……"之说。

1626年,郑芝龙集团不光在福建莆田、漳浦、厦门、金门,还在广东靖海(现揭阳市惠来县)、甲子(先陆丰市甲子镇)等地彻底击败了明军。

关于明军失败的原因,时任两广总督的李题是这样上奏的:"对方的船只牢固、高大,无漫水现象亦不会沉没,即便触礁也无破损。

船内设备均由外国制造，性能卓越，发炮一枚便可击中数十里外，被击中的目标尽毁。对方作战方式及其灵活，而且善于海战。士兵弱、劣者少，且下等兵中日本兵较为彪悍"。

虽击败了明军，但郑芝龙制止了部下对败兵明军的继续追击，都司洪先春也在其中。不光如此，郑芝龙还释放了抓捕的游击员卢毓英。

跟随郑芝龙的还有弟弟芝虎、鸿逵，表兄芝兰等家族中出彩的一众人。

福建巡抚熊文灿在1628年9月，曾派遣幸存下来的卢毓英以任命郑芝龙为沿岸警备之首"海防游击"为条件，对日渐强大的郑芝龙进行宣抚。

当时，陈衷纪、杨六（杨禄）杨七（杨策）兄弟、李魁奇、钟斌、刘香等海贼集团在周边一带肆意猖獗。郑芝龙因熟悉他们那套把戏而一次次将他们歼灭。

其中出现了李旦的长子一官，因郑芝龙夺取了李旦留下的船只等财产而投靠刘香集团，还有李旦设在泉州的公关许心素与杨六杨七集团串通等内部分崩离析的现象。

更有甚者，李旦设在长崎的"受命之人"华宇，其死后被埋在稻佐的悟真寺，其后人取"欧阳"之姓而融入了日本人社会。

手握制海权的郑芝龙，完全可以真正地与外国进行自由贸易。但其在台湾与荷兰所发生的冲突，这一点又是无法回避的。

1630年，对郑芝龙来说是多事之年。因干旱引起的饥荒，地处干燥之地的陕西最为严重，但福建也未能逃过此劫，出现大量饿死者。另一方面米价高涨，甚至广泛流传"斗米万钱"之说。

郑芝龙让数万生活窘困的人到台湾参加拓荒，同时向熊文灿建议"给每人三两银子，每三人一头牛"。

延 伸

大型纪录片《"开台王"颜思齐》

2016年9月11日,一部波澜壮阔的史诗影像巨制,一位彪炳春秋的海沧青礁传奇人物,一曲"两岸一家亲,共建新家园"的动人旋律——大型纪录片《"开台王"颜思齐》开播。

《"开台王"颜思齐》讲述了海沧青礁历史传奇人物——"开台第一人"颜思齐的传奇人生。

颜思齐于明朝末年率领郑成功父亲郑芝龙等一群闽南健儿,纵横台湾海峡,拓展海上贸易,征召大陆移民,拓垦荒山野岭,建立了赫赫有名的海上帝国,踏响了台湾400年开发史的序幕。

他的开台业绩,奠定了台湾从蛮荒迈向文明的起步,受到了后人世代敬仰与缅怀。

纪录频道(CCTV-9)播出的大型高清历史人文纪录片《"开台王"颜思齐》,真实还原、纪念这位在大航海时代背景下勇于和命运抗争的"大海之子"。

该片遵从"两岸一家亲,共建新家园"的时代主题,通过史诗般的影像语言,有力印证两岸同根同源的历史渊源,体现海沧、大陆与台湾拆不散隔不断的血脉亲情,呼唤两岸共同续写一脉相承的华夏文明,携手开创中华民族光明未来。

【长歌一曲"开台王"】[1]

正是颜思齐,引领汉民族大举扎根台湾;正是他,奠定了台湾从莽荒迈向文明的起步;正是他,宣示了一个伟大的中华儿女的历史先声!

---

[1] 曹放. 长歌一曲"开台王" [N]. 厦门日报, 2016-12-04.

获奖了，获大奖了，真没想到《"开台王"颜思齐》荣获了全国电视纪录片的最高奖！喜讯从深圳传来，2016年11月12日，第22届中国电视学术盛典宣布：厦门海沧主创的《"开台王"颜思齐》荣获中国电视纪录长片十优，与国家级影视工程《记住乡愁》同一档次。作为该片出品人和总顾问，我心潮逐浪……

2014年8月，我调任海沧。企业、学校、乡村、社区，为了掌握区情、民情，我马不停蹄地走访调研。深秋的一天，走进青礁村，与父老乡亲座谈时，不断听到一个陌生的名字：颜思齐。据说，他是开台王，但他怎样去到台湾的？他在台湾创下哪些功业？当今台湾还有他的哪些遗迹……却不甚了了。带着巨大的疑问与好奇，我一次次拜访乡贤，一回回请教学者，一番番查阅资料。终于，半年多之后，拂开历史的烟云，猛然间，我的心灵深深地震颤了：颜思齐，一个多么伟大的民族英雄！

明朝中后期，世界进入了大航海的鼎盛时代，波澜壮阔，狂飙突进。因应大航海的宏波巨澜，明朝隆庆元年（公元1567年）被迫开海，然而，它解除海禁的只是全中国海岸线的小小一角，这就是漳州月港。一时，月港风云际会，全国外贸总量的80%来自月港，福建税收总量的60%来自月港。月港——"天子之南库"！1589年，颜思齐诞生在月港青礁村；1612年，颜思齐随着大航海的帆船驶入日本九州平户港；1621年农历八月二十三，已经创富成功的海商巨头颜思齐，率领郑成功的父亲郑芝龙等一百多位海商精英和护航勇士登陆台湾！多么丰美的土地山川，不就像我们的家乡闽南吗？于是，颜思齐决定，扎下根来经营这片土地、这片山川、这片辽阔的海……他兴建了十个营寨，安顿好自己的部属；他招募来三千闽南民众，壮大了屯垦的力量；他化解了原住民的敌对，结成了共同开发的联盟；他既重农耕渔猎，又重海商贸易，积累了开发建设宝岛的雄厚财富……正是他，引领汉民族大举扎根台湾；正是他，奠定了台湾从莽荒迈向文明的起步；正是他，宣示了一个伟大的中华儿女的历史先声！1625年9月，狩猎，醉酒，伤寒，颜思齐临终之际招来部属,留下了光耀史册的寄语:"本期建立功业,扬中国名声,今壮志未遂,中道夭折,公等其继起!"

一个多么难得、珍贵、伟大的民族英雄!透过历史烟云,展望中华民族伟大复兴,于是,我提议并具体组织,深度挖掘颜思齐史料,精心摄制专题纪录片,向海峡两岸广为宣传开台圣王。感谢海沧的各界同人,感谢厦门文广集团,感谢中央电视台纪录频道!终于,目标实现:2016年9月11日,《"开台王"颜思齐》在央视纪录频道首次播出,并被列入央视重大题材备播库随时调取播出,不到两个月就重播十多次,并荣获大奖。

还要特别感谢的是台湾同胞! 2015年初秋,我率团前往台湾,寻访颜思齐的遗迹,策划拍片事宜。难忘"开台第一庄"——云林县水上乡颜厝寮。村口的大道上,五个一米见方的钢结构大字——"开台第一庄"。村中最醒目宏伟的建筑,是颜思齐开台文化展示馆,外墙漆成鲜红色,正中一个硕大的金黄色的"颜"字放射出光芒,门楣四角的文字是"怒海雄心"。村主任洪茂仁博士紧握着我的手说:"荷兰人都在研究颜思齐呢,这下好了,我们联手一起来研究宣传吧!"

台南县下营乡,这是台湾颜姓人口聚居最多的乡村。走进颜氏家庙,一副对联引人瞩目,上联是"从青礁发源祖德宗功在昔创业昭百代",下联是"分茅港聚族子姓孙枝于今俎豆耀千秋"。宗亲会长颜成德庄重地赠给我一套《下营颜氏族谱》,并欣然地告诉我:"发源于青礁,扎根于台湾,快400年了,如今,颜氏在台湾开枝散叶,宗亲已达12万人!"

台中大甲镇澜宫是台湾信众最多、香火最盛、影响最大的妈祖庙,每年农历三月举办的妈祖绕境巡游,是世界三大信俗活动之一。理事长颜清标在镇澜宫前迎候我,一见面,这位叱咤风云的"铁汉子"就给我一个紧紧的拥抱。他给我讲了一件趣事。2007年,海峡两岸颜氏宗亲首次联合祭拜先祖颜思齐,墓园在嘉义尖山军事管制区内。管制区以"不是清明时节"为由不让进入。颜清标一撸袖子、一蹲马步、大吼一声："有祖宗的就让开，没有祖宗就过来比试比试。"于是，警察让开一条大路，祭拜的人群鱼贯而入……

今天，欣悉《"开台王"颜思齐》获奖，感奋间，又回想起了2015年初秋，瞻仰台中北港颜思齐纪念碑时，我即兴吟成的一首诗篇：

搏击万顷恶浪，冲决千道硝烟，荒滩野岛开新宇，大旗一展：颜！
西望故国神州，游子饮水思源，中国声名扬万代，号令一声：前！
凭吊英雄丰碑，仰望浩气长天，我今来访倍流连，金瓯一梦：圆！

第二节　扬帆出海

海沧是中国重要的侨乡之一，也是东南亚等地区闽南人的祖籍地。而青礁又是海沧临海的一个重要村落，在历史的发展下，形成了鲜明的侨乡文化。

根据颜氏宗亲会会长颜振来先生的介绍，历史上，青礁颜氏族人除了分衍我国台湾地区，也大胆前往东南亚各国谋求更好的发展，他们主要集中在新加坡、马来西亚、印度尼西亚。在几位颜氏宗亲的叙述中，他们不断提起一些华侨的名字，包括颜应麟、颜江守、颜民淳、颜天冷、颜永成、颜龙镖。

我们无法知道青礁颜氏最早下南洋的是哪位族人，也不知道他们经历了多少困难险阻才抵达了目的地。但我们可以从族谱、碑文、凝固的建筑和族人的回忆中，看到些许过去的历史。

扬帆南洋，艰苦奋斗

在族人的回忆中，老一辈的华侨大都直接从青礁村落沿海的码头出发，到达厦门岛后再乘坐前往南洋各地的船只。到了近代，才有较为安全、快速的蒸汽轮船可以搭乘。他们不禁感叹,现如今我们在生活条件如此优越,轮船交通如此便捷的情况下,乘坐游轮出玩都还会感到身体不适,更加难以想象华侨出洋时搭乘颠簸而又耗时漫长的航海船上的艰辛。

在不同的历史背景下,华侨出洋的原因也各不相同,除了因为灾荒、兵祸迁居海外的,也有少数由于政治原因而流寓海外。但在青礁颜氏宗亲的叙述中,能感受到的华侨出洋的主要原因还是由于当地的生存状况不利于发展,加上西方殖民者对南洋各地的开发所带来的劳动力需求,因此有不少青礁颜氏族人跟随历史潮流前往南洋寻求更好的发展。

青礁访侨眷

询问到老一辈华侨在南洋从事何种职业时,颜国华先生回答说,他们基本都从码头搬运工做起,也就是"龟力"(苦力),工作都十分辛苦。一旦有了些积蓄,加上一定的机遇,有的华侨就会做点小本生意,然后慢慢地积累经验和财富。

据《漳州十属旅星同乡会》(1948年)显示,当时在新加坡的还有经营包工业的颜清海,时年42岁,清楚地写着"祖籍三都青礁"。

由于华侨的家乡还有父母、妻子儿女,他们的生活基本上依赖于华侨寄回来的钱。一位宗亲说:"那时,青礁村很多人,都是吃'南洋饭'的。"没有了华侨寄回来的钱和物,那么他们家的生活就会非常困苦。这是一般华侨家庭的生活状态。

回乡建设,荫庇后人

在近代青礁颜氏华侨中,也有不少富商大贾。也正是因为如此,他们更容易被后世族人所熟知。这些华侨在海外经商致富，大多选择回到家乡"买田、起厝、讨亲、造坟"，俗称"南洋钱，唐山福"。这里的唐山，也就是华侨对祖籍地的称呼。

第二次世界大战前的华侨，大多对自己的家乡有强烈的认同感，都希望有一天能够荣归故里、光宗耀祖。青礁颜氏华侨也是如此。经商致富的颜氏华侨，出于落叶归根、荣耀家族的愿景，同时也是为了给子孙后代一个更好的生活环境，会选择购买田地，或在原有的地基上，出资兴建家族大厝。

由于年久失修、城市化建设等的原因，一些华侨古厝已经倒塌或被新式楼房所取代。目前，青礁村保留着几座华侨古民居，它们经历了风风雨雨，庇护了几代人，现如今已经开始被人们重视起来。

受采访的颜氏族人一开始就谈到了新加坡华侨颜民淳和在印度尼西亚发展的长子颜江守的红砖大厝。这两座古厝气派恢宏，是典型的闽南传统建筑。

有关资料显示，颜江守在印度尼西亚经商时，还连同印度尼西亚"糖王"黄仲涵、郭秋春等募资创办三宝垄华英中学，在弘扬中华文化上做出了巨大贡献。在家乡，只有少数人知道他们海外的具体事迹，但族人一直将他们视为一种荣耀。

除了颜民淳、颜江守的红砖大厝，青礁还保留了一些华侨古厝，如越南华侨兴建的芦塘举人第。这些古厝基本上都是华侨在海外辛苦打拼后回乡建造的。时隔百年，这些凝固的建筑，似乎还在向世人诉说着华侨历史的兴衰。

捐资修祠，造福乡梓

在重建后的开漳堂里，并没有历史悠久的石碑。颜宗长解释说，原本的石碑在"文化大革命"时期为了免遭毁坏，一直被寄放在小

青礁崇恩堂

宗崇恩堂里。后来，在崇恩堂重修时，他们就将旧石碑嵌入墙壁，此后也没有再拿回来放置于开漳堂内。

  崇恩堂没有开漳堂那么大，那些墙壁上的旧石碑却深深地吸引着人们。外面一直在下雨，崇恩堂里有些昏暗，一块光绪元年所立的碑文上篆刻有"咭万丹""安南"❶的字眼。原来，早在1875年，颜氏族人重修颜氏家庙，向海外青礁颜氏子孙募捐时，就有"咭万丹诸孙子共捐英壹佰肆拾陆元，安南诸孙子共捐英陆拾元"，可见他们对于家乡宗族事务依旧有义不容辞的责任感。

  除此以外，在《重修院前祖庙记》（1917年腊月立）碑文中，清楚地叙述了这样一段与颜氏华侨相关的历史：祖庙经历了百年岁月，风雨飘摇，已有部分构件损坏。而颜氏族中的颜天冷，虽然经商外洋，却极力提倡众人合力修缮祖庙。颜江守在海外得知

---

❶ "咭万丹"是指现在马来西亚的吉兰丹，"安南"则是现在的越南。

崇恩堂古碑

消息后,随即捐出四千六百大元,用于宗祠修建,天冷君也捐助五百大元。在德高望重的天冷君的号召下,海内外的族人纷纷捐资出力,最终历经四个月修缮好了宗祠,重振颜氏宗族的荣耀。

即使是现在,也不乏青礁颜氏华人回乡寻根祭祖并为当地的教育事业做出贡献。颜氏宗亲提到,马来西亚吉兰丹华人企业家、慈善家颜龙镖先生是青礁大路颜石角的曾孙,他出生在海外,却怀念家乡。60多岁的颜龙镖先生多年来坚持资助家乡成绩优异却家庭贫困的学生,帮助他们走向更好的人生。这位远在马来西亚的颜氏华人的寻根之旅以及慈善之举,让青礁颜氏宗亲感受到了浓浓的斩不断的情谊。

两头家庭,两地情谊

在青礁,有不少华侨在南洋经商时未婚,在海外发展存有一定的积蓄后,才回到家乡娶妻生子。但往往婚后不久,又要再次出国。因此,华侨在海外生存发展时,常常会娶一位当地的妇女作为妻子。在家乡的妻子,主要负责养育子女、孝顺父母和处理家庭事务等。而在海外的妻子,也被人们称为"番婆",则主要照顾华侨在南洋的家庭,协助丈夫的事业。

对于这种跨国的家庭结构——"两头家",颜振来老先生非常有感触。他提到，他伯伯的婚姻也是处于跨国的生存状态。起初，伯伯在家乡娶了妻子，但到南洋谋生时，又娶了一位当地的番婆。这位番婆曾经随同丈夫回到青礁村生活，但是由于语言、生活习惯、文化背景不同，两位妻子在日常生活中逐渐有了摩擦。最终，伯伯带着番婆，连同一个儿子再次去南洋，后来也失去了联系。

接着，白发苍苍的颜荣华先生又讲起了他祖辈的故事。

荣华先生的祖父早年就下南洋打拼，在马来西亚娶了一位番婆，生下了他的父亲，还有伯父和三个姑姑。他的父亲在18岁时连同他的伯伯从马来西亚回到家乡，就读于青礁院前的岐山学校，接受中国的传统教育。父亲之后曾前往南洋，后来回乡后担任保长。在抗日战争时期，由于身处保长之职，曾经负责抓壮丁等原因，颜先生的父亲在中华人民共和国成立后被划定为地主，接受劳动改造5年。颜先生至今都清楚地记得这段历史，中华人民共和国成立那年，他刚好小学毕业，已有13岁。

颜荣华先生所居住的古厝很大，有三大落，后面还设有私塾。住房加上前后的空地，大约有几亩，据说是嘉庆年间建成的。曾经，这里居住了很多户人家，但后来大家都搬出去住，而颜先生的儿子则拆了部分破落的护厝，重新建成三层楼高的小洋楼。

这座古厝的公厅和护厝，虽然历经了岁月的洗礼，但是我们依然能透过屋内、山墙的装饰物，依稀看到当年这个家族的兴盛。

随后，颜老先生返回老屋，拿出了十几封侨批，其中有荣华先生与伯父颜逢瑞往来的信件，还有几张珍贵的老照片。

据荣华先生介绍，稍微倚着高脚桌端坐着的是他的祖父，旁边站着他的大伯和父亲。他们穿着深色的唐装、白色的裤子还戴着帽子，看起来十分气派。另一张照片保存完好，中间坐着荣华先生的祖父，后面是他三个姑姑。照片里的姑姑穿着典型的娘惹衣服：上衣是浅色的娘惹衫、鸡心领、对襟、三个扣，下装是极具马来特色的峇迪纱笼裙（马来语，是一种布料），花纹精美，整体散发着南洋土生华人独特的韵味。

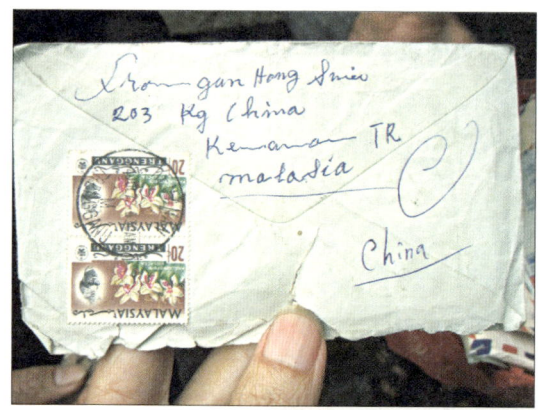

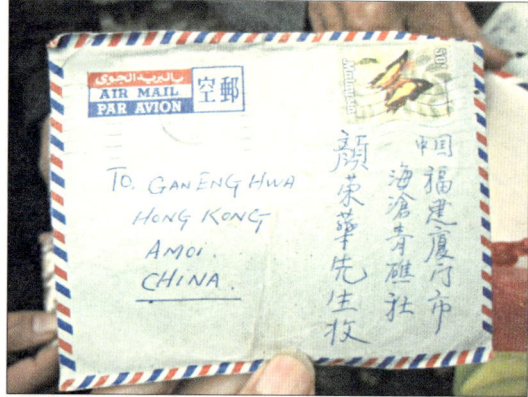

侨批三

通过侨批,可得知颜荣华先生的伯父在马来西亚的地址,即"西马丁州甘马挽唐人街"也就是现在西马来西亚的丁加奴州的甘马挽唐人街峇峇路。在一封1972年的信中,77岁的逢瑞先生提到,年老的他已经不再从事原本所做的巴刹生意(马来语 pasar,指市场生意),而自己的孩子则是行驶罗里车(马来西亚华人将英文的 lorry 音译成罗里车,即大卡车)运货,往来新加坡从事运输工作。而且在当时,马来西亚树乳(橡胶的闽南语直译)一度

侨亲老照片

下跌,直接影响到逢瑞先生一家的整体经济情况。另外,他还写到了他的长孙女21岁,年底要结婚,次孙20岁,做零工。

荣华先生补充说,他的堂兄弟一直居住在马来西亚,受的是英文教育,中文水平较差,他们在沟通方面有诸多不便,因此在伯父去世后,颜先生也和他逐渐失去了联系。

颜荣华先生的家族故事仅仅是一个个案。在青礁,很多华侨家庭都经历了这样的变迁,从出洋谋生,到回乡建房,再出洋。这期间,维系在两地家人之间的是浓浓的血脉亲情。

然而,经历了几代人之后,这种血缘关系就逐渐淡化了,加上第二次世界大战后华侨的在地化发展,他们接受当地教育,更加认同当地民族国家,很多人与原来的族亲失去了联系。但无论如何都无法抹去青礁颜氏华侨的这段历史。

华侨符号，两地情缘

如何对待青礁颜氏华侨的历史，是我们应该深思的一个问题。换而言之，该如何让华侨华人这个文化符号幻化新生，成为整个族群前进的动力？

通过修缮，青礁院前的大夫第被打造成为院前书院。颜氏族人希望能够通过书院，重现青礁颜氏崇文重教的风气。同时，这也是向族中子弟教授中华传统文化的一个良好机会。院前书院设置了国学讲坛、颜氏文化、闽南童谣等多项课程。

在明亮的大厅中，墙壁上挂着一幅颜永成的画像。

颜永成，祖籍青礁，1844年出生于马六甲，家庭经济状况并不好。他在17岁时，迁居新加坡，从事商业活动，后来主要经营船务公司。当时，新加坡和南洋各地及中国的海上贸易往来频繁，因此颜永成积累了大量资本。他乐善好施。1867年，新加坡同济医院创办时，发起人及商号多达169个，颜永成则是捐资最多者。颜永成还特别注重沟通中西文化，但他了解华侨儿童转入英文学校就读的困难，于是在1893年4月毅然捐出巨资，兴办华英学校，后改名为颜永成英文学校，造福了当地华侨学生。

根据颜氏宗亲的介绍，颜永成一生没有回过青礁，但在他的墓碑上，却清楚地写着"青礁"。华人不忘祖不忘根的特质在这里显现出来。而青礁颜氏族人，也将他作为一位名人乡贤，用他的事迹来教育族中子弟。

书院传来朗朗的读书声，一封封泛黄的侨批，一行行华侨捐款的碑文，一座座被保护起来的华侨古厝……这些，都预示着华侨华人的力量，正在影响着青礁颜氏族人，也将推动着他们走向更好的未来。

第三节　情愫深深

虽然隔着海峡，时光过去了几百年，但亲情是剪不断的。今天，海峡两岸民众来往日益热络，血脉亲情在一个特殊的时代里更彰显其特有的凝聚力。为此，反映两岸情愫深深的历史片段，可以让它定格在这里，作为一种历史的见证。

两岸同宗村铭记乡愁

青礁村是颜氏族群聚居的古村落。追溯历史可以了解，宋代山东颜回后裔的一个支系辗转迁徙来到青礁，至今已有千年历史，在这条历史长河中，青礁村的颜氏不仅出了一位开台王颜思齐，更有许多颜氏血脉之亲播迁我国台湾，形成了海峡两岸同祖同宗的村庄。

两岸颜氏宗亲同源同根。明崇祯壬申年（1630年），厦门青礁颜氏始祖颜慥的第23世孙颜世贤来到台湾后，其后裔定居台南下营乡红毛厝。300多年的筚路蓝缕，如今，红毛厝颜氏已枝繁叶茂，台湾的颜氏宗亲现在已成为台湾的望族。近年来，借助两岸和平发展的契机，两岸颜氏宗亲交流密切，通过祭祖、省亲、联谊等活动，拉近了彼此距离，青礁就是台湾颜氏的祖地。

青礁村的院前社经过多年的旧村改造后变化明显。村庄过去的臭水塘、挡路石以及路边的旱厕、猪舍等已消失不见，取而代之的是宽敞的道路、美丽的植被、整洁的村容村貌，村庄初步实现了生态美。这里成了台湾同胞、海外侨胞和游客常来探访之地。

2015年4月，台湾颜氏组成参访团重点走访了青礁村的院前社。

因为当年的海峡论坛同宗村联谊活动就在这里进行。位于青礁慈济宫正对面的院前社，有220多户共750多人。院前社于2014年3月成为"美丽厦门，共同缔造"的试点村以来，村容村貌已经发生了巨大变化。同时，这里也开始发展集青礁慈济东宫、城市菜地、古民居、对台文化交流等于一体的乡村休闲旅游，迈出了追寻"百姓富"的步子，一跃成为远近闻名的缔造"明星村"。在这样一个"望得见山，看得见水，记得住乡愁"的富有两岸交流元素的闽台生活文化村，参访团成员们的拍摄创作热情也被大大激发。

2015年4月28日，参访行程中最为巧合的是，在青礁颜氏大宗祠堂，参访团与在台湾参访时曾会面的台南下营颜氏宗亲不期而遇。经了解，才知道原来他们是与东南亚的颜氏宗亲来厦门参加两岸保生慈济文化旅游节，并到青礁祖地拜谒颜氏祖先。在台湾分别不久又在大陆偶遇，参访团成员与台湾颜氏宗亲感觉格外亲切。

我国台湾的颜氏宗亲、著名书画家颜圣哲，还参加了2015年6月举行的两岸同宗村联谊活动。他向同宗村参访团表示，要为活动创作书法作品"一家亲情溢两岸，同宗村业冠神州"，期待同宗村联谊活动成为两岸同名同宗村交流交往的重要平台。

除了对台湾的血脉亲情之外，青礁颜氏族人和海外华侨的亲情也在延伸。近年来，颜永成的后裔和学校方面都曾回乡寻根。马来西亚的学生夏令营曾经到青礁村开漳堂举办，海外亲人想寻根，国内亲人也思念海外的亲眷。青礁村的颜荣华先生一直记挂着海外的亲戚，当年国内自然灾害的时候，海外亲戚给予了真诚的帮助，他一直牢记在心，但是亲人的第2代与其中断了来往，让他一直牵挂，他的思亲之情还上了《厦门日报》的新闻，通过主流媒体的传播，希望代代延续的华侨亲情能不断延伸。

第四章　千年神踪

古代先民为了自己的家园兴旺，为了子孙的安宁和发达，为了生活前景的更加美好，需要神明来作为他们的精神支撑。随着历史上先民"过台湾、下南洋"，青礁村的神明保佑两岸的黎民及在世界各地的信众。与此同时，当代青礁人秉承历代祖先的美德，不仅呵护举世共尊的保生大帝、两岸同崇的寒单爷等神明，而且在当前思想开放、经济向好的时代背景下，孜孜不倦，传承和弘扬一种延续千年而焕发着不朽生命力的文化。

第一节　守护东宫

青礁村不仅有淳朴的民风，还有一种公益的精神。他们的远祖颜之推在《颜氏家训》中就告诫后辈，"君子贵有益于物"，意思是做人要有益于社会。因此，在青礁村的民风中，充分体现出包容体谅。宋代吴真人在青礁村东鸣岭悬壶济世，村民们感念他解民疾苦，给他提供行医的场所，采药的山岭。吴真人羽化之后，民众在东鸣岭建龙湫庵崇祀。南宋初年，青礁村显宦吏部尚书颜师鲁奏请为吴真人建立宫庙，这些历史可以在青礁慈济宫内存有的古碑中得到印证。

青礁慈济东宫古貌

而更可贵的是,青礁慈济宫建立之后一代代青礁人自愿为守护这座古宫薪火相传。

《吧国缘主碑记》记载:"昔宋绍兴辛未,尚书定肃颜公之始建祖东宫也,捐俸奏请,德云懋矣。至淳熙己巳间,承事郎唐臣公复为恢廊其制,基址壮丽,费以巨万。盖未尝不叹其善述定肃公之志,而隆神庥于无穷也。辛丑播迁,庙成荒墟,公之子姓复捐募重建成,营立殿阁,架构粗备,未获壮观,赖吧国甲必丹郭讳天榜、林讳应章、诸君子捐资助之。"

《吧国缘主碑记》是康熙三十六年(1697年)所作,这方古碑强调了青礁慈济宫与颜氏的关系是从宋代就一直延续的,还特别记载了当年到海外劝缘的人就是以颜氏为首的。到了嘉庆十九年(1814年),青礁慈济宫再次大修,留下了碑记,碑云:

"保生大帝,漳之祖宫也。宫为漳之祖,或建或修,成之于颜氏,宫址岐山。岐山者,颜氏聚族之村也。颜氏董其成,而漳之人踊跃捐资乐助焉者,敬其祖也。漳之宫,非漳人亦罔不踊跃捐资乐助焉者,敬其神也。基地恢郭,殿阁宽敞,自宋迄国朝,修葺始末,前已勒于石,故不复赘云。"这方古碑同样向人们昭示颜氏对维护东宫的公益事业在历史上从来没有断代,形成了一个非常特色的人文现象。在当代的近几十年,颜明远、颜国南、颜洪寿、颜笛等续历史之遗风,把呵护东宫视为己任,为保生慈济文化的弘扬、东宫的兴盛尽到了自己的一份职责和力量。尤其值得一提的是,颜氏族人对东宫的守护还影响了其他姓氏的热心人士,许多人也加入了守护东宫的行列,为这项公益事业尽心尽力。这种守护公益的精神在青礁村中,村民们也自觉弘扬。例如,村庄的万应庙,就是颜金安家几代人及村中一些热心人士义务地看护;同时,村中的八座古庙都有人自觉维护。他们把对历史文化的保护和传承作为一种自觉的行动。

第二节 万应寒单

青礁村万应庙里的寒单爷神像已有1000多年的历史,是青礁祖先定居青礁时,作为保护神带来的。这尊古老的神像安放在万应庙神台上,上方的横幅写着"玄坛元帅"四个大字,左右两方的对联各写着"手执金鞭常进宝,身骑黑虎广招财"。与台东的寒单爷神像相同的是,这尊寒单爷也是右持打神鞭,左拿风天印,座驾黑虎将军,同样器宇轩昂、威风凛凛。但与台东玄武堂所供奉的寒单爷神像不同的是,这尊寒单爷的脸是黑色的,没有绿白红三色的太阳脸谱,而且胡须也比台东的寒单爷更加浓密,这与多本史书中最初记载的"寒单爷神像为黑面浓须"刚好吻合。

"文化大革命"时期,寒单爷与万应庙,同许多历史遗迹一样也磨难重重。万应庙的寒单爷差点被当作"四旧"清除掉。庆幸的是,这尊寒单爷神像被一位村民在深夜中,抱出古庙,偷偷地藏到了自

闽台古老的寒单爷

己的家中。待到拨乱反正后，他将这尊千年神像奉出，仍将其安放在万应庙里。

今日，这尊千年的寒单爷神像也成了青礁的镇村之宝。特别是这尊千年神像，可以印证台东的寒单爷与其同出一源。默默守护古村千年的寒单爷近年来不断"走红"，因为寒单爷成了牵系两岸民俗文化和增进两岸民间亲情往来的重要纽带。这话还得从2006年时任台东市市长的陈建阁，带着台东肉身寒单爷来到闽南追根寻源说起。

台东"寒单爷"爆竹声中回祖地

"炮炸寒单爷"——这个中国台湾台东极具民俗特色的活动，2006年8月25日来到闽南展现了它特有的风采。这项活动原本是每年元宵节台东的独门重头戏，当时由台东市长陈建阁亲自带领的台东文化交流团，首次把寒单爷请到了大陆，让寒单爷得以在初秋之夜的安溪茶都广场又过了一次元宵节。

渡海而来　台东"寒单爷"首次现身大陆

与很多从台湾来交流访问的团体行程不同，这次台东文化交流团是由金门水头码头出发，取道厦金航线抵达厦门的。文化交流团一行 150 人，由台东市长陈建阁带队，陈建阁先生 10 年前曾经来过闽南，但这是他首次以台东市长身份率团来访。相隔 10 年，两次探访的心境截然不同。10 年前陈建阁先生回到家乡，是一种亲近祖地故土，单纯而赤诚的兴奋与喜悦。而这一次以市长的身份率团返乡，兴奋依旧，但平添了一份责任，那就是把他治理之下的、台湾东部人口最多的、面积最大的城市——台东，详尽地介绍给大陆同胞。

陈建阁先生表示，当时台东把最有特色的民俗活动"炮炸寒单爷"首次安排在大陆表演，是希望我们能在大陆一炮打响，让大陆同胞了解台东的民俗风情，从而让台东和福建在旅游、农业、经贸等方面能有更广泛的交流。随团来的台东乡亲个个都说着一口流利的闽南话，从厦门到泉州一路上他们觉得既新鲜又熟悉。台东市公所民政科周科长对我们说，"今天，还有两位来看热闹的台湾游客，是自费从台湾赶来的，因为在平时，只有元宵节才有机会看到这一特色民俗活动。这两位乡亲一听到信息，就赶来安溪看在台湾一年才能一看的盛况"。

火光四起　鞭炮在"寒单爷"身上炸响

台商萧良松先生说，在台东，每年元宵之夜都有四五万人围观"炮炸寒单爷"，之所以回到祖地来表演，除了文化交流，还希望能在福建找到根源。

那晚，寒单爷上场了，登上椅轿，四个轿夫将椅轿抬起，站在四周的炮手把点燃的鞭炮从四面八方猛力地掷向这个肉身寒单爷，寒单爷凛然而立，没有丝毫躲闪，偶尔用榕树叶扫开飞到眼前的鞭炮，无数爆竹在他的身上、头上劈啪炸响，火光迸射，烟雾四起，隆隆的炮声在安溪的夜空下响彻云霄。就这样在绕场四五周，持续轰炸十几分钟后，整个广场烟笼雾罩，鞭炮炸开后的纸屑在地板铺上了厚厚一层"红地毯"。

第一位"肉身寒单爷"走下软轿,已是通身灰黑,但见他赤裸的上身处处是炮炸的伤痕,这位勇敢的寒单爷名叫郑富春,刚刚经过鞭炮洗礼的他非常兴奋,他说,第一次当"肉身寒单爷"的时候,上场前有些害怕,但当一登上椅轿,觉得既当寒单爷,就要有寒单爷的勇气,几轮炮火之后,也就泰然自若了。郑先生已当了好几回的寒单爷。他说,现在看到鞭炮飞来的时候,一点也不怕了,反而很兴奋。毕竟炮火无情,在他身上留下了无数的小伤痕,但他笑着说,这不碍事的,炮炸的伤痕不用涂药,自己就会好的,这项活动让他变得更加坚强和勇敢。台东县议会议长李锦慧也对我们说,像郑富春这样当过"肉身寒单爷"的年轻人,会因为他们的勇敢顽强而在当地深受敬重。

接下来,第二个、第三个、第四个"肉身寒单爷"也按照同样的程序上场接受鞭炮的轰炸,鞭炮雷鸣,欢呼阵阵,观众为这场惊险刺激的表演大呼过瘾,他们的情绪也随着表演的高潮迭起而激扬起来,欢呼声与鞭炮声交响在一起,表演现场热闹非凡。

追根溯源 海沧是"寒单爷"的祖地

当时,"炮炸寒单爷"在一片欢腾和喜庆的氛围中画下了完美的句号,意味着台东"炮炸寒单爷"回祖国大陆的首次表演取得了圆满的成功。表演虽已结束,但许多人还是难抑兴奋激动之情。当时来闽的台东第一代"肉身寒单爷"已经87岁高龄了,这位老人名叫王财王,这次听说要来闽南表演,他执意要随团来看看。他说,他在台湾当了无数次的"肉身寒单爷",福建是寒单爷的祖地,怎么能不来呢?台东县知名人士王清坚说:"寒单爷源自大陆,台湾人民从来没有忘记祖国大陆。这次我们回到故乡,也把寒单爷带了回来,这实际上也是一种寻根。"当时,在场的厦门民俗专家就向台东市长陈建阁坦言,台湾要寻找的民俗文化之根可能就在海沧,因为海沧青礁万应庙有尊千年寒单爷,而且也有炮炸习俗,不过,海沧的"炮炸寒单爷"显得更具原始味道。台东市长获此信息,分外振奋,后来特地安排了海沧之行,寻找寒单爷。

背 景

"寒单爷"出自封神榜

寒单爷的名称还有寒丹、韩单、韩丹、邯郸等多种不同写法,推其原因,应该是口述相传过程中所造成的变化。不少民俗学者相信,"寒单"应该是闽南话"玄坛"的讹音所造成,所以多半也认为"炮炸寒单爷"即是早期闽台元宵夜"迎玄坛爷"的游街习俗。

玄坛爷出自封神榜,本名赵公明,商朝鲁国(山东)人,又称峨眉山罗浮洞主。武王伐纣时,他协助闻太师抵抗周军的进攻,为姜子牙设计所杀。后封其为"金龙如意正一龙虎玄坛真君",俗称武财神。

台东玄武堂所供奉的寒单爷神像,有绿白红三色的太阳脸谱,右持打神鞭,左拿风天印。台东玄武堂堂主李建智先生根据神像绘有太阳脸谱与手捧天师印的特征,推断台东寒单爷可能出自道家张天师系统。

关于寒单爷喜欢被炮炸的说法很多。相传寒单爷生性怕冷,天寒时即心痛,因此当寒单爷出巡时,信众皆以火炮为财神爷驱寒取暖,以求得到财神爷的眷顾,保佑能发大财。而在民间有另一种传说,寒单爷凡身专门欺压乡民、鱼肉百姓、耍狠好恶,但有一天得到仙人的感化指点,顿时大彻大悟,决心痛改前非,站上软轿,接受爆竹轰炸来赎罪。

目前,我国台湾供奉寒单爷的地方,除了台东以外,还有花莲的行德宫、玉里的金阙堂、台东寒单爷恒春分堂及苗栗、竹南中港等地，但炮轰"肉身寒单爷"只有台东才有，成为台东独特的民俗活动，当仁不让地跻身于台湾三大民俗活动——北天灯（台北县平溪镇的放天灯）、南蜂炮（台南县盐水镇的鸣蜂炮）、东寒单当中。

三月初九青礁也"炸寒单爷"

2006年9月1日《厦门日报》海峡周刊的"台东'寒单爷'爆竹声中回祖地"的报道引起许多读者的兴趣与关注，为此，媒体记者随即赶赴青礁村，为台东的寒单爷源自福建找到了注脚。

当时的报道是这样的："青礁村的寒单爷神像就安放在慈济东宫附近的万应庙，颜全兴先生带我们来到万应庙，庙口的长椅上，几位颜姓老人已在此等候多时。他们闻说记者要来为台湾寒单爷寻根，纷纷来到这里，都想来述说这尊已默默护佑青礁村近千年的寒单爷的光辉历史。"

"寒单爷"守护青礁村已近千年

这些老人谈起了在安溪举行的"台东炮炸寒单爷"活动。他们对此次活动了如指掌令人大为惊奇，家里订有《厦门日报》的颜大憨老人的孙女颜小秋找来了《海峡周刊》，翻开"台东炮炸寒单爷"的专题说，她当时看到这篇报道时，真是既亲切又惊喜，亲切的是寒单爷就在她家门口，因为供奉寒单爷的万应庙，离她家仅隔一条小路。从小到大，她亲历过多次寒单爷庙会的盛况，因此她对寒单爷再熟悉不过；惊喜的是原来台湾也有寒单爷，从报道中看，其相关的民俗活动也与青礁村的寒单爷庙会很相似。看来，这两者一定有很深的渊源，所以她就把这张报纸留了下来，左邻右舍听说后也

万应庙内景

纷纷前来看报纸，有的还特地到报刊亭买了这份报纸收藏起来。如此一来，小小的村庄沸腾了，许多人说，台湾寒单爷不知道根源在哪里，就在我们这里呀！颜全兴老人就是青礁村人，他戏谑地说，"台东寒单爷"在安溪炸响后，其火光与炮声也飞到了青礁村。

"寒单爷"是从山东迁来的

万应庙并不大，但庙前的院子却不小，足足可以容纳上千人，在院子的另一端，还有一座新修建的万应庙戏台。这么小的庙，为什么要有这么大的院子和戏台呢？年近九旬的颜大憨老人说，青礁村的寒单爷是从山东几经周折迁徙来的，一直是青礁颜氏族人的保护神。每年的农历三月初九，万应庙都要举行盛大的庙会，把寒单爷请出来巡境。与台东略有不同的是,台东的"炮炸寒单爷"是在元宵节,而青礁的寒单爷庙会则是在农历三月初九,为什么不在农历三月十六的寒单爷赵公明生日的那天举行,成了一道历史谜题。

青礁"炮炸寒单爷"比台东更火爆

提起庙会,几位老人的兴致更高了,从他们激动的神情和加快的语速中可以看出,这真是村子里的一件天大的事。老人颜宏井说,那一天,成百上千的人涌到万应庙的大院里,连龙海等地的乡亲也纷纷赶来,院子里经常挤得水泄不通。从早上八点开始,便有节目上演,一天下来,要有上百个节目在这里登台表演,踩高跷、大鼓吹、蜈蚣阁、大棚……

"炮炸寒单爷"这一活动则通常是在巡境中举行。颜阿根老人自豪地说,"我们的'炮炸寒单爷'比起台东的,可谓别具一格!"这里的"肉身寒单爷"叫作"乩童",同台东的"肉身寒单爷"一样,乩童也要站在椅轿上,由四名轿夫抬起来出巡、游境,但不同的是,这四名轿夫全部要赤裸双脚,踩过燃烧的火炭前行,与此同时,周围的人们再把燃烧的鞭炮掷向乩童。下面要忍受火炭的灼烫和炙烤,上面要承受从四面八方飞来的爆竹的轮番轰炸。不过,村民们说,这是一种习俗,其含义与台湾一样,因为寒单爷是财神,所以会越炸越旺。

颜宏井老人说,从活动的形式上看,"台东炮炸寒单爷"应该是由炮炸乩童演变的,虽然二者形式上还有些差别,但蕴含的精神内核是共同的,那就是保佑人们平安幸福、快乐富足。我们真希望台东的朋友能到这里看看我们多姿多彩的庙会,更期待的是,两岸的"炮炸寒单爷"能在万应庙这个寒单爷的根基祖地前,一起炸响!

第四章 千年神踪

进香

寒单爷　宵小岂能偷

2012年12月1日，几个宵小之徒闯入青礁村万应庙偷走了万应庙的四扇木雕门和已有千年历史的寒单爷，村民无不震惊。正所谓天网恢恢，疏而不漏，窃贼受到了应有的惩罚。当时报纸报道如下。

"寒单爷""漂泊"20天 [1]

被盗　2012年12月1日神像被盗，村民报警，海沧警方成立专案组。

---

[1] 罗小州."寒单爷""漂泊"20天[N].厦门日报，2012-12-20（7）.

被弃 窃贼连夜逃亡晋江途中，见神像断臂，竟将其抛在路边。

找到 2012年12月20日，民警在泉州将窃贼抓获，7位民警花了1个多小时，在马巷路边的草丛里找到了神像。

回家 昨天，神像"坐"着警车回到青礁，村民举行盛大的仪式迎接。

成立专案组　　民警四上泉州抓获窃贼

2012年12月1日清晨5点多，海沧青礁后松社负责开关万应庙大门的村民老颜起身如厕，突然发现庙门两侧的4扇屏风不见了，大门也被撬开，铜锁还丢在地上。赶紧跑进庙里一看，供奉近千年的寒单爷不见了。

寒单爷不仅是村民的精神寄托，更是两岸文化往来的重要纽带，海沧公安分局接到村民报警后，当天就成立了专案组。警方分析，犯罪分子应该是一群专偷古董的团伙。专案组经过排查，终于发现了一辆可疑的陌生面包车。之后，专案组四上泉州，终于在12月20日晚上，成功在晋江的一间出租屋内将4名犯罪嫌疑人一举抓获。

四贼是惯犯　　抱走神像还拆下庙门屏风

犯罪嫌疑人张某、沈某、朱某、李某是安徽老乡，他们在晋江租了间房子，平时游手好闲，常对附近村子里的古董、文物下手，可谓是有经验的惯犯。

12月1日凌晨，四人来到青礁，撬开万应庙的大门，将名贵樟木制的寒单爷抱走，还拆下庙门上4扇精美的屏风。

他们向警方交代，屏风卖了，神像扔了。专案组连夜赶到石狮灵秀镇，将4扇屏风追回，并在324国道马巷段，找到了在此风餐露宿半个多月的寒单爷。

文物遭践踏　千年神像被弃路边草丛

经了解，四人盗窃得手后，在连夜赶回晋江的途中，想估摸估摸"寒单爷"的身价，就掀开神像的外衣，却发现神像的一条手臂断了。他们觉得断臂神像没什么价值，带着还费劲，直接在行车途中抛在了路边。随后，又将4扇用名贵木材雕刻的古董屏风贱卖给石狮灵秀镇的古董商，换了500元。

由于犯罪嫌疑人记不清寒单爷的抛弃地点，光是寻找神像，7位民警同时出动，还花了1个多小时，最后在马巷路边茂密的草丛里发现了这尊千年神像。

"寒单爷"文物价值高

寒单爷是青礁村民祖上定居这里时，作为保护神带来的。民俗专家颜明远先生介绍，青礁寒单爷堪称是闽南最老的寒单爷了，估计有上千年历史，每年都有漳泉一带民众来进香。据悉，此次被盗的寒单爷和4扇屏风，案值达30万元人民币。

2012年12月20日，海沧青礁后松社一派欢腾，一尊半米多高，头戴铁冠、身披金色彩衣的神像被村民们从警车上迎出，举着高香的村民立刻冲上前去瞻仰拜祭——日盼夜盼的镇村之神寒单爷终于回来了。

"寒单爷"赴台巡游受台湾信众欢迎

2013年1月7日，海沧街道青礁村寒单爷千年神像在青礁村、万应庙理事会、海沧国旅等相关工作人员护送下，赴台湾巡游归来，结束在台湾为期3天的巡游活动。

此次寒单爷赴台是应邀参加台湾桃园南崁五福宫建庙350周年庆典，为首次赴台。据介绍，南崁五福宫是桃园县三级古迹，宫庙内供奉武财神，也称"寒单爷，玄坛元帅赵公明"，历史最悠久，信众众多，在两岸颇具影响。庆典当天，更有马英九、吴伯雄等台湾知名人士先后前往南崁五福宫祝贺、参拜青礁村的"武财神寒单爷"，并为神明抬轿祈福。

除参加五福宫的庙会外，寒单爷在信众的护送下游览了台北。同时，青礁万应庙颜氏列席台湾颜氏总会董事、监事换届选举大会，增强民间姓氏文化交流。

台湾武财神　青礁万应庙"会亲"

2014年10月17日的海峡两岸财神文化节期间，台湾武财神信仰协会会长、五福宫主委陈宗贤协同协会各宫庙主委、代表人等专程到厦门青礁的万应庙进行参访寻源活动。

在此次活动中，台湾南崁五福宫的财神爷神像，也渡海来到万应庙"会亲"。我们看到台湾五福宫的寒单爷，手执神鞭，极其威武，与万应庙中财神爷像很是相似。台湾陈宗贤会长表示，台湾对寒单爷的信仰，出自大陆，由来已久。五福宫供奉寒单爷已有350多年历史，在近几年两岸民间财神文化的频繁交流中，台湾方面在厦门青礁万应庙找到了武财神信仰的根源。陈先生说，五福宫作为台湾最早供奉寒单爷的庙宇，根在闽南。当年，郑成功率军赴台攻打荷兰，奉请武财神作为护军香火，之后将其安营于南崁。后来因护军有功，被尊封为"开台元帅"，人们修筑宫庙，每年例祭，其传统一直延续到今天。

第三节　神缘绵绵

妈祖宫河　蕴藏一段厦台交流史

2015年，青礁村颜氏宗亲前往中国台湾镇澜宫进行民间文化交流。这次交流竟意外地牵系出了一段镇澜宫妈祖与青礁的渊源。在交流中，我国台湾颜氏宗亲告诉厦门宗亲："历史上台湾的妈祖还是从青礁村分灵过来的。"据《嘉义上天宫庙史》记载，上天宫的妈祖就是当年由祖籍青礁的开台王颜思齐奉请到台湾的。青礁宗亲们回厦前，台湾镇澜宫还特赠送了妈祖雕像作为纪念。

青礁村现属厦门市海沧区海沧街道，位于海沧区与漳州角美镇相接壤的边缘，古村的尽头仍然面临海滨，并留有古老的码头遗迹。

据村里的老人介绍，在村内滨海处，原有一座妈祖宫。宫前有条河流，村里人称它为妈祖宫河。我们跟随老人来到河岸边，如今的妈祖宫河的主河道已经干涸，妈祖宫遗址只剩下石柱和三合土，浅浅的河床中长满了杂草、苔藓等，河床的底部早已裸露出来，偶见一道涓涓细流流淌其中，仿佛在述说一段悠久的历史。

说起妈祖宫河，当地的一位村民热情地向我们介绍说，妈祖宫河就流经他们屋后，在他们新建房子后，被掩盖在屋后院子底下，石板构架的庭院，地下是空的，水流便不断从中流过。这条河充满了儿时童趣，他父亲在河里养过鱼苗，河水很干净，河里的牡蛎挖出都可以直接吃。因为妈祖宫河是九龙江支流入海的一段，因而，在入海口处，淡水和咸水的交汇使得浮游生物特别多，养分格外充足，据村民介绍，前几年捕到的虾，有的鳌真的大如蟹螯一般。这正是由于其曾经是河流的入海口才孕育了如此肥美的海产。沿着妈祖宫河前行,历史上曾有一个青礁港,据说,当年来往台湾、青礁的船只不少在这里停靠。这个古港现已不存在了,但它却铭刻了一段厦台两地的民间交往历史。村民们希望当年从这里到台湾的妈祖能够再回来"探亲"。

【青礁村的古代宫庙】

院前:云溪堂;仙祖庵;岐山宫;舍仁官庵。

后松:清津宫(保生大帝);万应庙(寒单爷);昭德宫(孙真人);土地公(土地爷庵);王爷庵(王爷);上天宫(妈祖);佛祖庵(容堂)。

大路:祖师爷庵(祖师爷);有缘公庵(有缘公);土地公庵(土地公)。

埭仔:启明宫(保生大帝、许真人);胜王公庵(胜王公)。

鸿江:东德宫(保生大帝)。

芦塘:胜王公庵(胜王公);上帝公庵(上帝公)。

过田:仙祖庵(仙组)。

青礁村入选央视《记住乡愁》

成为厦门市唯一入选村落

2016年2月,厦门市青礁村纪录片在央视百集大型纪录片《记住乡愁》节目中播出,获得广泛关注。青礁村成为目前厦门市唯一入选该大型纪录片的村落。

纪录片时长半小时,以"青礁村——自强不息 开拓进取"为主题展开,用倒叙的手法讲述了青礁村年轻人在祖辈爱拼敢赢、自强不息的家风影响下,在"美丽厦门,共同缔造"行动中,纷纷回乡和村民齐心协力改造村庄面貌,发展休闲农业,挖掘村庄文化,让这个曾一度面临消亡的古村落再次焕发生机的故事。

如今的青礁村已经成为集青礁慈济东宫、城市菜地、古民居、对台文化交流等元素于一体的乡村休闲旅游胜地,迈出了追寻"百姓富"的步子,一跃成为远近闻名的缔造"明星村"。这样一个"望得见山,看得见水,记得住乡愁"的美丽村落,还是富有两岸交流元素的闽台生活文化村。青礁村举办的海峡论坛同名村联谊活动及两岸保生慈济文化旅游节,吸引了大量两岸同姓宗亲前来参加,进一步促进了闽台文化的交流与融合。相信随着青礁村故事的播出,能让更多人回到家乡,帮助一些空壳村找回原有的"魂",构筑起百姓心中的精神家园。

据了解,《记住乡愁》纪录片以"关注古老村落状态,讲述中国乡土故事,重温世代相传祖训,寻找传统文化基因"为宗旨,以中国传统村落为主要拍摄对象,以纪实的手法展现古老智慧与当代社会的融合,讲述在民间流传了千百年的动人故事。第二季中共选取了 60 个中国传统村落里的相关故事,其中福建省共有 4 村入选。

参与本次"风土海沧"民俗调查的厦门大学研究生李梦丹同学,用手工记录的方式,记下了央视这个节目的解说词。

青礁村——自强不息,开拓进取

福建厦门青礁村,一座始建于北宋时期的古村落。它面朝大海,背倚青山。在日夜不息的涛声中走过了近千年的岁月,生活在这里的颜氏家族世代繁衍生息。直到现在,在全村 3000 多位村民中,绝大多数都姓颜。

每逢周末,村中的国学馆里都会响起孩子们朗朗的读书声:"父兄不可常依,乡国不可常保,一旦流离,无人庇荫,当自求诸身耳。"青礁村国学馆缪丽雯老师说:"这段话就是告诉我们,父母长兄是不能够长久依靠的,家乡也是不可以永远地保持安定而不遭受战乱的。一旦有一天流离失所的时候,没有人保护你了,这就是自强不息的道理。要存自强之心、立自强之志、行自强之路。"根据颜氏家族的传统,族中的适龄儿童都要在这里接受家族文化的传承。青礁颜氏奉孔子的得意门生颜回为始祖,尊颜之推为家族显祖。作为南北朝时期中国杰出的思想家、教育家,颜之推曾经历亡国之难,战乱中三次被俘,但依然心存青云之志,他把自己一生有关立身、处世、为学经验的总结写成《颜氏家训》,被后世尊为中国传统社会垂训子孙以及家庭教育的典范。熟读《颜氏家训》,是青礁村每一户家庭对孩子们的要求。

族长颜振来珍藏着家族的族谱,里面记载的一个个故事无不彰显着颜氏族人们自强不息、开拓进取的精神特质。

出生于北宋年间的颜慥是颜回的第 50 代孙，也是青礁颜氏的开基祖。他文采出众、名扬一方，被一代名臣蔡襄引为知己。在中国传统社会，人们要施展一生所学，科举入仕是为数不多的途径之一。但是颜慥却在这条道路上屡次遭受挫折，或许是不适应考试，颜慥四次参加科考，均未考取，考场失意并没有消磨颜慥的意志，他带领着家族来到了青礁，"隐居以求其志，行义以达其道"。定居之后，他在青礁兴办学校，传授儒家经典，不仅是颜氏子孙，邻村的年轻学子也纷纷慕名而来。一时之间，原本凋敝偏僻的青礁村，成为了当时漳州府的文化教育中心。青礁颜氏家族颜振来族长说："我们祖宗勉励我们子孙自强、好学、上进，所以一代一代教育下来的，宋朝出了 18 个进士与此也有一定的关系。"颜慥为家族后世的兴旺打下了良好的基础，以文兴教，开创了一个家族自强不息的奋斗史。"读诗书尽忠孝继圣哲行善修身，启宗庙习礼仪令儿孙奋志立业"，颜氏祖先把对后人的期许镌刻在祠堂的大门处，永远激励着族人不断奋进。

今年 37 岁的陈俊雄，是青礁村济生缘合作社的创办人。每天清晨，他都会带领着一群年轻人到村中的菜地里劳作。这样的青春与活力让人很难想象仅仅就在两年前，这个村庄还面临着消亡的危机。陈俊雄说："村里很多人知道这个事，因为很多测量队什么的，经常进村测量或者什么的。我们会经常问他一下，这是在干吗，他们说测量，因为以后拆迁用还是什么。"当时，青礁村的年轻人都离开村庄，外出打工，留守在村中的老弱妇孺依靠务农为生，大量传统建筑在时光和海风的侵袭中日渐破败，拆迁在那时几乎就成了这个千年古村不得不面对的结局。

2013 年年底，陈俊雄在西安打工的堂哥回到家乡过春节。无话不说的两个年轻人对此产生了深深的忧虑。陈俊雄说："如果有一天村子拆迁了，那我还回来吗？村子如果被拆了，就等于把我们的回忆也拆了，把一些原先的经常相处一起的小伙伴们也都拆散了。就比如原先我们小时候,那些发小都经常去池塘里摸鱼,要么在哪里偷啃水果,要么在哪里垒土块、烤地瓜。拆了很舍不得,非常舍不得。"那年的春节,陈俊雄做了一个决定,他要保住青礁村,保住大家共同的那份回忆,于是他找来一些儿时的伙伴,没想到大家都很赞同他的想法,纷纷为他出谋划策。陈俊雄说:"父母亲也经常教导我们说,不管做什么都要自强自立,包括村子要拆迁,我们也要自强自立来保护好我们的村子,我们去争取,去找区里面。区里面说,也不能辜负了村民这种高涨的热情,那就试看看嘛。"

青礁村的年轻人和当地政府经过协商约定:如果村庄改造成功了,拆迁规划就重新考虑。那年,陈俊雄关闭了自己年收入几十万元的铝合金工厂,一心投入了青礁村的改造工程中。陈俊雄没有想到的是,村民们听说这些年轻人要美化环境,修建公共设施,纷纷主动出让自己家门前的土地,不但分文不取,还自愿出力帮忙。

63岁的颜天星是村中出让土地最多的村民,与其他青礁村人一样,鸡犬相闻的农家小院,果实累累的龙眼树都让他十分留恋。颜天星说:"我们老人先给他带头,后来环境做好,路拓宽了,一些旧的东西把它改造一下,旧貌变新颜嘛。我们做起来不会比人家差,要比人家更好。"不甘屈居人后,为了共同的目标,村民们都行动了起来,老人们惊奇地发现,原本他们眼中一些游手好闲的年轻人也开始干起了正事儿。颜明毅曾经是村中最令人头疼的青年,白天打牌,晚上喝酒,打架斗殴是常有的事情。听说陈俊雄要带领大家改造村庄,他便悄悄地找上门去。颜明毅说:"能为村庄里面做一些贡献,做一些事情,其实也不想过以前的生活。以前整天瞎混,想想这样子,年轻的日子一天一天浪费了也不行。"在合作社里,颜明毅和许多同龄人一起,早上天不亮就起来干活:挑土运沙、修整荒地、开挖道路。即使一分工钱都没有,他们也毫无怨言。青礁村的年轻人在劳动中编写了一首"做事歌":"今天的事,马上去做;明天的事,准备去做。困难的事,勇敢去做;不会的事,学着去做。"这是他们对青礁村流传千年的家规祖训作出的现代诠释。

依靠着自强不息的精神,这群年轻人创造出了一个奇迹:仅仅两个月的时间,村口一片数百平方米的荒地变成了漂亮的"城市菜地"。他们把菜地划分成小块,租给城里人,原本一年一亩收益只有2万元的田地,如今收益达到8万元。这让村民看到了希望,纷纷加入其中,自强不息的精神为这个村民重新点燃了希望的火种,而颜明毅也在2013年年底,经过投票当选为合作社的副理事长,他用自己的行动重新赢得了人们的尊敬。颜明毅说:"现在村民们看我们这么认真,在村里面做事情,都在点赞。有时候在村里面听到七八十岁的那些老人家说,'现在环境做得这么好了,我都还想再活几年。'听到这个话,我们心里面就很满足、很欣慰。"

就在村中这些年轻人干得热火朝天的时候,"90后"大学生颜德强也从大学毕业了。2013年暑假,他回到家乡看望亲人。颜德强说:"我们整个村子都是亲戚,一听到说这种古宅要被拆迁,我想着古宅还住着我的奶奶,还供奉着我们的祖先,特别是农村有一种传统的思想,我们老宅、堂屋一定要去保护,宗祠一定要去修复。"在大学里,就读物流管理专业的颜德强一直品学兼优,当时已经得到了去国企工作的机会。这一趟回乡,却让他重新思考了自己的未来。颜德强说:"我们能贡献自己的一分力量,改变身边的人,从而带动更多人,每个人贡献自己小小的一分力量,整个村子就会得到一种改变。"颜德强回到村里做起了农民,他在合作社里负责的是农产品的物流运输和市场推广销售的工作,家乡给了他施展所学的舞台。颜德强说:"在家里,我们更能找到一种归属感。我每天醒来,办公室就在门前,我下班累了,家就在门前。有的人说,创业哪里都是家。但是如果能在家创业,那就更好了。我们把外面所学的、所看到的,带回家乡,反馈给家乡,然后告诉他们,我们学了什么和我们能做什么,以及我们能为你改变什么。"

在青礁村,像颜德强这样的"90后"大学生还有不少,村庄的困境唤起了他们的责任感。为了维护共同的家园,他们勇于承担,用自己的双手去托起村庄的未来。北京师范大学李山教授曾说:

《周易》里面有一句话叫'天行健,君子以自强不息'。这个精神实际上是我们这个民族精神的一个底盘,它会变成很多地方方言,比如说闽南话里面就有一个'爱拼才会赢',它使这个民族不论经过什么,也不论这个文化的人群到了哪儿,都有一种本色的东西,就是不断地创生。"

流传千年的自强不息精神在青礁村幻化成了强大的凝聚力,推动着这个古老的村落在新的时代再次焕发出勃勃生机,就连海峡对岸的中国台湾同胞也纷纷慕名前来。一位陶艺大师在村中办起了陶艺体验馆,村里的孩子可以随时来这里感受传统手工工艺的魅力。中国台湾南投县的"凤梨博士"黄来裕也来到这里定居,他在青礁村租了一块地,种起了凤梨,建起了凤梨酥体验馆。周末的时候,他会教孩子们制作凤梨酥,日子过得自在而满足。黄来裕说:"我来这边能够很容易地就勾起我的乡愁,几乎是我小时候的那个环境。它的山水,还有人文跟台湾南投县几乎是一模一样,所以说我来了以后就深深地被它吸引住,我肯定是住下来了。"

其实对于中国台湾同胞来说,青礁村还有更加特殊的意义。因为这与数百年前一位颜氏族人有关,他就是被誉为"开台王"的颜思齐,《台湾通史》把他作为《列传》开篇的第一人,书中写道,"西人有言,中国人无冒险进取之心,呜呼!如思齐者,岂非非常不羁之士哉?"颜水荣退休之后,一直致力于研究颜氏家族文化。他去台湾嘉义时发现了一首民谣:"明朝时,颜思齐,上陆滩",直到现在,那里的孩子都还在传唱这段往事。生于明朝末年的颜思齐,是青礁开基祖颜慥的第20代孙,自幼好武,为人行侠仗义。当时,一位同乡被宦官的恶仆欺凌,颜思齐出头替他打抱不平,争斗间失手把家仆打死。背负命案的颜思齐连夜出海逃亡,几经辗转,于1694年来到我国台湾的笨港,也就是今天的北港镇。青礁村村民颜水荣说:"去台湾,颜思齐不是第一人,不是最早,最早三国时候就有,晋朝时候也有。但是他是开发性的,还是大批量的、落地生根式的。去的时候,他开始组织了几百人,后来三千人,是大规模开发,本来那里的少数民族的人捕鱼打猎的,他又把农具送给他们,把种子送给他们,还教他们如何种地,如何收成。"颜思齐到达台湾时,那里还是一片荒蛮之地。他在那里开垦土地,建立村庄,并派人回到福建,召集同乡,横渡当时被称为"黑水沟"的台湾海峡。不少青礁颜氏族人也随之前往,他们对内拓荒垦殖,对外发展海外贸易。颜思齐以独特的眼光、开拓进取的精神,为那片荒凉的土地带来了新生。然而,几年之后,颜思齐却积劳成疾,身染重病。临终前,他把这份基业交给了结拜兄弟郑芝龙,也就是郑成功的父亲,并留下了这样一段话:"本期创建功业,扬中国声名。令壮志未遂,中道夭折,公等其继起。"颜思齐将闽南人爱拼敢赢、自强不息的精神,播撒在了我国台湾这片土地上,台湾民众在颜思齐故去之后为他建碑立庙,直到现在,依然还尊享着后世香火。

  颜思齐的开台不仅为台湾带去了先进的农耕技术,也把民间信仰和习俗带了过去。原本只在颜氏家庙中供奉的保生大帝成了台湾第二大民间信仰,就连台湾的三大民俗之一"炮炸寒单爷"的发源地也在青礁村。

  自颜思齐起,青礁颜氏陆续有人迁往中国台湾。如今,在台湾地区,颜氏宗亲就有 12 万人之多。然而,中国近代战乱迭起,两岸宗亲渐渐中断了交流。为了延续这份血脉亲情,青礁村人开始了一段长达数十年的续写族谱之旅。颜建春的父亲,是最早一批参与这次浩大工程的人。然而,由于当时两岸交流几乎处于中断的状态,仅靠书信往来要取得进展十分艰难,直到他临终前依然没有完成这个心愿。作为儿子的颜建春,从父亲的手中接过了这个重担。颜建春说:"当时想得也很天真,无非就是花点钱嘛,然后把族谱花个两三年的时间也就结束了。"事情的进展远比想象要缓慢得多,从 2003 年起,颜建春开始多次自费前往中国台湾,到处打听消息,甚至一家一户去登门拜访。然而,颜氏宗亲在台湾的分支众多,要寻找源头和续接族谱,是一件非常困难的事情。这一趟寻亲之路一走就是近 10 年,但颜氏族人流淌在血液中不畏困难、锲而不舍的基因,使他从不轻言放弃。2010年，颜建春在各方线索的指引下，终于来到了台湾的下营红毛厝。这里的颜氏家庙是全台湾最古老的家庙之一。宗祠的楹联中镌刻着"从青礁发源"几个大字，道出颜氏一脉世代相承的印记。这一趟台湾之行，不仅成功对接了族谱，还寻找到了颜思齐的古墓。2011年，两岸宗亲100多人，在颜思齐的墓前共同祭祀祖先。青礁村村民颜建春说："这是我们台湾下营颜氏最新纂修的一本族谱。序言里写道,教育子孙一定要谨记横渡险恶的'黑水沟'。教训子孙后代必须要有一种冒险精神和团结的毅力，刻苦奋斗、铸造家园，也和大陆的青礁颜氏这边秉承的自强不息的祖训是一致的。"北京师范大学李山教授说："中国历来'家国一体'，所以有这一层锲而不舍地对亲缘的、有共同历史的这种共同体的追寻。这些可以保证我们在经历了一些痛苦、灾难打击的时候，可以复原；可以在原有的基础上，把它恢复出来，这实际上就是这个民族生生不息的精神，无论遇到什么，都会再造。"

中秋前夕，来自我国台湾的宗亲颜荣德带着妹妹来到了青礁村。按照传统，村民们为他备下了一碗猪脚面线，寓意欢迎回家，洗去尘土。台湾颜氏宗亲颜荣德说："闽南这个地方也有这个风俗习惯。台湾的风俗就是这边传过去的，台湾有一句话说，'吃果子拜树头'就是饮水思源的意思我们虽然在外面发展，在台湾，甚至世界各地发展，但我们的根就是在这里，我们颜氏的根就是在这里。"颜荣德这次回来正好赶上了中秋祭祖活动，在祭祖仪式上，颜荣德在青礁先祖面前虔诚祭拜。

只要故乡在，远方的游子总有一天会倦鸟归巢。只要祖宗的灵位还在，后世的子孙无论相隔多远，都能血脉相连、休戚与共。

后　记

　　山川之毓秀，古来共谈；时代之沧桑，贤愚皆惊。如今的我们，也正处在一个大变革的时代。这一时代，既是中国不断走向城市化，走向和平崛起的一个时代；同时也是我们的思想观念或者文化意识不断进行着更新，且探索新的存在价值的一个时代。历史的发展是不断向前的，但是我们却不得不去回顾历史的曲折，不得不依托于我们的根源意识，尝试着由此而发掘出激励我们更为合理地向前、更为顺畅地向前的历史文化资源。

　　乡村曾经是中国的原生态的典范，乡土意识曾经是中国人的根源意识，乡土中国的变迁也正是20世纪后期以来中国所面临的最大的历史事件。我们之所以要编辑撰写《风土海沧》，其根本契机之一也就是基于了这样一个历史大事件的宏大背景。

　　一个村庄的搬迁，一个村庄的消逝，消失的不仅仅是古老的村落，还会带走它所蕴含的深厚文化与沉重记忆。即使钟山村的大多数村民属于就地安置，依旧会回到这片土地之上，但是过去的乡村之中的每一栋建筑、每一道标志、每一条道路，乃至一棵棵树木花草，皆潜藏了村民们的历史回顾、孩童记忆、生活印记、时代沧桑。

在步入村落之后，尤其是经历了与村民的交流、与老人的详谈之后，作为文化工作者的我们最为深刻地体会到了这一点，同时也深切地意识到自身的责任与义务——积极挖掘村落文化资源，认真整理村落文献资料，避免使它湮没在时间的长河之中。

任何一个事物的发展，皆不可能是一蹴而就的。任何一项重要的任务，也必然充满了曲折与艰辛。我们只不过是一群执著于搜集、整理有限的资料，展开口述史的整理与保存工作的人，即便是近在咫尺的村落调查活动，我们也不得不尝试到各种各样的考验。首先，我们要面对的，就是确立调查大纲的问题。我们经历数次讨论，编撰了调查纲要，但是却遭遇到了资料收集的问题，尤其是资料缺失的困境。为了资料的整理和审核，我们多次相约在厦门大学、海沧文化中心集体讨论、坦诚交流，而后终于得以克服。其次，就是调查时限的问题。一方面村落的整体拆迁迫在眉睫，传统遗址日渐消失，旧有风貌不再存在；一方面熟悉村史的老人相继离世，健在的老人记忆略为模糊，年轻人则缺乏了切身的了解和感受。如何挽留这样一个不断消逝的现实与记忆，需要我们不断地改进方法或者手段，一一地将各个问题落实到位。尽管如此，我们还是克服了这样的问题，且抱着一种紧张感与迫切感，最终完成了编撰工作。

青礁村的调查活动，始于2016年2月。半年多时间以来，区文化馆民俗调查小组走访了青礁村下辖的大路、后松、埭仔、鸿江、过田、芦塘、院前7个自然村，采访了多位重要人物，留下了宝贵的第一手的口述材料。在此，我们要衷心感谢为本次调查提供支持与帮助的杨琛那、郑萍、唐涵玉、余晨辰、上官燕枝、颜鸣秋、颜振来、颜建春、颜文清、颜水荣、颜国华、颜金安、颜志坤、林江铭、卓荣勉，正是因为他们的大力支持与热心帮助，才使我们得以顺利地完成本辑的编撰，在此致以衷心的感谢。

中国人类学家费孝通教授曾经指出：人类学是为"文化自觉"而设立的学问。我们不知道本辑的编撰对于保留乡村民俗资料能否可以发挥出一点微薄之力，但是我们认为或许这也就是一场"文化的自觉"、"文化之根的觉悟",同时也是我们自身的存在的觉悟。尤其是对于我们全体编者而言,成书过程之中的酸甜苦辣始终难以忘怀,也必将成为我们人生之中不可磨灭的记忆。

  本辑编撰时间仓促,水平有限,出现的遗漏和疏忽之处,敬请予以谅解,并恳请有识之士批评指正。

编 者

2016 年 11 月